조르주 바타이유

저주의 몫 · 에로티즘

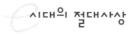

시대의 절대사상

조르주 바타이유

저주의 몫·에로티즘

| 유기환 | 바타이유 |

살림

*e*시대의 절대사상을 펴내며

고전을 읽고, 고전을 이해한다는 것은 비로소 교양인이 되었다는 뜻일 것입니다. 또한 수십 세기를 거쳐 형성되어온 인류의 지적 유산을 제대로 이해하고, 그 바탕 위에서 새로운 자기만의 일을 개척할 때, 그 사람은 그 방면의 전문가가 될 수 있을 것입니다. 프랑스의 대입 제도 바칼로레아에서 고전을 중요하게 취급하는 까닭도 그와 같은 이유 때문이겠지요.

그러나 예전에도, 현재에도 고전은 유령처럼 우리 주위를 떠돌기만 했습니다. 막상 고전이라는 텍스트를 펼치면 방대한 분량과 난해한 용어들로 인해 그 내용을 향유하지 못하고 항상 마음의 부담만 갖게 됩니다. 게다가 지금 우리는 고전을 읽기에 더 악화된 시대를 살고 있습니다. 변하지 않고 있는 교육제도와 새 미디어의 홍수가 우리를 그렇게 만들고 있는 것입니다.

고전을 읽어야 하지만 읽기 힘든 것이 현실이라면, 고전에 친근하게 다가갈 수 있는 새로운 방법을 응당 고민해야 하지 않을까요? 살림출판사의 *e*시대의 절대사상은 이러한 문제의식을 가지고 기획되었습니다. 고전에 대한 지나친 경외심을 버리고, '아무도 읽지 않는 게 고전'이라는 자조를 함께 버리면서 지금 이 시대에 맞는 현대적 감각의 고전을 만들고자 했습니다.

고전의 내용이 지나치게 주관적으로 해석되어 전달되는 위험을 피할 수 있도록 그 분야에 대해 가장 정통하면서도 오랜 연구 업적을 쌓은 학자들이 자신의 경험을 응축시켜 새로운 고전으로의 길을 열고자 했습니다. 마치 한 편의 잘 짜인 다큐멘터리 프로그램을 보듯 고전이 탄생할 수 있었던 시대적 배경과 작가의 주변 환경, 그리고 고전에 담긴 지혜를 재미있게 습득할 수 있도록 내용을 구성했고, 난해한 전문 용어나 개념어들은 최대한 알기 쉽게 설명했습니다.

이전에 경험하지 못했던 새로운 감각의 고전 *e*시대의 절대사상은 지적 욕구로 가득 찬 대학생·대학원생들과 교사들, 학창 시절 깊이 있고 폭넓은 교양을 착실하게 쌓고자 하는 청소년들, 그리고 이 시대의 리더를 꿈꾸는 모든 사람들에게 생생하게 살아 숨쉬는 인류 최고의 지혜를 전달할 것이라고 확신합니다.

기획위원

서강대학교 철학과 교수 강영안

이화여자대학교 중문과 교수 정재서

들어가는 글

여행이 끝나자 길이 열렸다

  2000년 여름 프랑스 일주를 소망하는 친구들의 성화에 못이겨 길을 떠났다. 평소에도 여행을 즐겨 하지 않았고, 파리에서 공부할 때에도 여행을 한 기회가 거의 없었기에 걱정이 앞섰다. 게다가 친구들이 프랑스어 전공자가 아니어서 본의 아니게 관광 가이드 노릇을 해야 할 판이라 걱정은 더욱 컸다.

  일행은 넷이었다. 경제성과 기동성을 고려할 때, 대중교통보다 렌터카를 이용하는 것이 나을 성싶었다. 파리, 리용, 그르노블, 니스, 그라스, 엑상프로방스, 망통, 잠시 이탈리아로 건너가서 산레모, 다시 프랑스로 돌아와서 칸, 아비뇽, 아를, 님, 세트, 카르카손, 그 밖에 이름 없는 수많은 마을들……. 일주일이 금세 지나갔다. 엉터리 가이드 노릇에 다소 지친 나는 내심 보르도에서 하루 쉰 후 파리로 직행했으면 했다. 그

즈음엔 성당도, 박물관도, 숲도, 언덕도, 아무것도 눈에 들어오지 않았다. 그런데 일행 가운데 차병직 변호사가 전혀 다른 여정을 제시했다.

참여연대 창설 멤버로서 오랫동안 시민운동에 투신한 그는 돈과 시간이 생기면 어김없이 그 모두를 여행에 투자하는 사람이었다. 그가 '동백림 사건'의 희생자 가운데 한 분인 화가 이희세 선생을 꼭 만나야 한다고 고집했다. 선생은 그때 라스코(Lascaux) 동굴 근처 몽티냑(Montignac)의 한 농가에 살고 있었다. 차 변호사의 어조로 볼 때 몽티냑 방문은 필요가 아니라 의무였다. 사실 방학을 이용해서 프랑스 여행을 한다는 것은 한국 사회에서 전혀 대중화된 일이 아니었다. 그러므로 일행은 정도의 차이가 있을망정 저마다 모종의 죄의식을 느끼고 있었다. 그러던 차에 차 변호사가 내뱉은 '동백림'이라는 한 마디는 모든 반론을 잠재우기에 충분했다. 자포자기의 심정으로 나는 다시 자동차에 몸을 실었다. 하지만 나는 그때 라스코를 방문하지 않았더라면 이후 오 년의 내 인생이 어떻게 되었을까 하고 가끔 자문해본다. 어쩌면 그것은 운명이었다.

화가 이응로 선생의 조카인 이희세 선생은 1964년 프랑스 파리로 유학을 갔다. 동백림 사건 이후 그는 반체제 인사로 낙인 찍혀 무려 41년 동안 고국으로 돌아오지 못했다. 그가 라스코와 인연을 맺게 된 것은 라스코 동굴벽화 복원 작업 때문이었다. 파리에서 그림 공부를 하던 그는 친구들의 소개로 복원 작업에 참여했고, 이어 동굴벽화에 매료되었다. 파리에 살던 그는 칠순이 되자 요양과 노후 생활을 겸해 평소의 소망 대로 라스코에 마지막 거처를 정했다.

몽티냑의 농가에서 그는 우리를 맞이하기 위해 양배추로 김치를 담갔다. 깊은 밤 농가 앞마당에서 라스코의 별을 바라보며 나는 향기 어린 포도주에 취했고, 향수 어린 이야기에 취했다. 뜻하지 않은 사십 년의 유폐…… 부모님 장례식에도 참석하지 못한 그의 가슴 아픈 사연에 귀를 기울인 것은 우리만이 아니었을까. 풀벌레가 밤새도록 울었다. 우리는 그가 정해준 인근 여인숙 작은 방에서 잠시 눈을 붙였다. 산중의 아침은 몹시 맑고, 몹시 고요했다.

라스코의 경이

그것은 전율 그 자체였다. 동굴 전속 안내인이 조명을 껐다. 별안간 우리는 어둠에 갇혔다. 이만 년 전 원시인들이 횃불과 함께 들어왔을 때 동굴은 바로 이런 모습이었을 거라고 말하며, 그가 호주머니에 있던 라이터 하나를 꺼내 불을 켰다. 라스코! 그것은 전율이요, 경이였다.

그날 저녁 외딴 여인숙에 다시 몸을 뉘었을 때 나의 머리는 수많은 물음으로 가득 찼다. 역사란 무엇이며, 선사란 무엇인가? 문명이란 무엇이며, 야만이란 무엇인가? 인식이란 무엇이며, 미망이란 무엇인가? 신성이란 무엇이며, 인간이란 무엇인가? 예술이란, 노동이란, 삶이란, 죽음이란……. 그들은 무엇을 인식했기에 이토록 많은 그림을 저 깊은 동굴 속에 묻은 것일까? 그리고 어떤 이유로 라스코는 이만 년에 걸친 어둠을 뚫고 돌연 세상에 모습을 드러낸 것일까?

라스코가 바타이유(Georges Bataille, 1897~1962)를 놀라게 한 것은 두 가지 사실 때문이었는데, 그것은 내게도 마찬가지였다. 하나는 그림의 수준이 오늘날의 걸작에 비추어도 하등 뒤떨어질 게 없다는 것이고, 다른 하나는 동굴 가장 깊은 곳, 세칭 '우물'이라 불리는 곳에 그려진 그림이 기상천외의 형식과 내용을 담고 있다는 것이다. 구석기시대의 그림들이 으레 그렇듯, 라스코 동굴벽화는 전체적으로 지극히 사실적인 기법으로 그려져 있다. 그런데 오직 '우물' 그림만이 마치 동네 아이들의 낙서처럼 매우 단순하고, 매우 관념적인 기법을 보여준다. 내용 또한 형식만큼 놀랍다. 내장이 터진 들소 앞에서 성기를 곧추세운 채 죽어가고 있는, 새의 얼굴을 한 남자…… 바타이유의 에로티즘 이야기, 그리고 나의 바타이유 이야기는 바로 이 장면에서 출발하고 있다.

라스코 여행에서 돌아오자마자 나는 다시 긴 여행을 떠났다. 『눈 이야기 *Histoire de l'oeil*』 『하늘의 푸른빛 *Le Bleu du ciel*』『C신부 *L'Abbé C*』『마담 에드와르다 *Madame Edwarda*』『시체 *Le Mort*』『에로티즘 *L'Erotisme*』『저주의 몫 *La Part maudite*』『에로티즘의 역사 *L'Histoire de l'érotisme*』『문학과 악 *La Littérature et le mal*』『에로스의 눈물 *Les Larmes d'Eros*』 등을 읽었고, 바타이유 전집과 서한집을 인터넷으로 구입했다. 여전히 바타이유란 미로에서 헤매고 있지만, 여행에 대한 후회는 없다. 마르크스주의 비평가 루카치는 소설의 시간성을 이렇게 요약했다. "길이 열리자, 여행은 끝났다." 나는 라스코의 시간성을 이렇게 요약하고 싶다. '여행이 끝나자, 길이 열렸다.'

'저주의 몫' : 멀고 험한 길

왜일까, 실로 반세기에 가까운 시간이 흘렀음에도 불구하고 바타이유가 여전히 하나의 스캔들, 하나의 매혹으로 다가오는 것은. 그것은 우리가 때로는 공포감으로, 때로는 비겁함으로 말하지 못한 어둠의 진실을 그가 몹시 집요하게, 몹시 투명하게 말했기 때문일 것이다.

어둠 속에 서는 일은 언제나 생각처럼 쉽지 않다. 바타이유는 평생 브르통(André Breton), 사르트르(Jean-Paul Sartre), 라캉(Jacques Lacan) 등 당대 주요 지식인들과 불화를 면치 못했던 아웃사이더 지식인이었다. 예를 들어 브르통은 「2차 초현실주의 선언 Second manifeste du surréalisme」을 통해 바타이유를 오물의 작가로 묘사하며 인신공격에 가까운 비난을 퍼부은 바 있다. 어쩌면 이것 역시 '저주의 몫'을 탐구하는 자가 마땅히 감당해야 할 저주였는지 모른다.

물론 내게는 가혹한 인신공격이 없었다. 하지만 내 몫으로 치러야 할 저주는 있었다. 그날도 바타이유에 관한 짤막한 글을 끝내기 위해 새벽까지 사투를 벌이고 있었다. 종결부를 쓰고 있을 때 별안간 현기증과 함께 말할 수 없는 욕지기가 일었다. 화장실로 가려고 일어났지만…… 깨어보니 방문 고리 밑이었다. 그로부터 이 주일 동안 병원 신세를 졌다. 바타이유 연구가 병의 직접적 원인이 아니었음은 말할 필요조차 없다. 실은 오랜 궤양으로 인해 십이지장에 구멍이 났고, 이 구멍을 통한 지속적 출혈이 한밤의 혼절을 일으킨 것이다. 그렇지만 바타이유 연구의 열정 혹은 열병이 혼절을 앞당긴 것만은 분명한 사실이 아닐까?

바타이유로 가는 길은 이처럼 멀고 험했다. 하지만 어느 날 문득 '나는 누구인가'라는 물음에 사로잡힌다면, 도리 없다, 멀고 험한 길일지라도 떠날 수밖에. 왜냐하면 '인간이란 무엇인가'를 알고 싶은 이에게 바타이유를 피해 갈 수 있는 우회로는 없기 때문이다. 바타이유의 말대로, 시간은 늘 우리를 재촉한다.[1] 너무 늦기 전에, 길을 떠나자.

저주의 몫 · 에로티즘

조르주 바타이유

바타이유의 이론과 창작

2부 『저주의 몫』 혹은 소비의 역사

일반경제와 소비 이론

고대사회의 비생산적 소비 : 증여교환 체계

Georges Bataille

3부 『에로티즘』 혹은 성의 인식

성의 연구와 바타이유의 독창성

조르주 바타이유

Georges Bataille

4부 조르주 바타이유 ─ 의미, 한계, 결과

의미 : 인간이란 무엇인가

저주의 몫 · 에로티즘

조르주 바타이유

1부

조르주 바타이유는 누구인가

Georges
Bataille

극단적 에로티즘을 그린 소설가, 사치·놀이·전쟁·예술·희생제의·축제·술·섹스·도박 등 '저주의 영역'에 진지한 사유의 빛을 비춘 인류학자, 이를 통해 기성 가치와 고정관념을 뒤엎은 사회학자. 프랑스어에서 '바타이유(Bataille)'는 고유명사 외에 '싸움' '전투'라는 의미의 보통명사로도 사용된다. 그의 삶에 비추어 정히 적절한 성(姓)이 아닐 수 없다. 그의 삶은 한마디로 지적 전투였다. 흔히 바타이유의 사상은 난해하고 복잡하기 이를 데 없다고 알려져 있다. 하지만 실은 난해하다기보다는 난삽하며, 복잡하다기보다는 산만하다고 말해야 옳을 듯하다. 이제 그 난삽하고 산만하게 흩어져 있는 삶과 사유의 퍼즐 조각들을 모아 조금은 정리된 지도를 만들어보자.

바타이유 사유의 문화사적 좌표

왜 바타이유를 읽을 것인가

바타이유의 라스코 관련 서적과 『내적 체험 *L'Expérience intérieure*』을 읽고 전복적 충격을 받았던 필립 솔레르스 (Philippe Sollers)는 1960년 전후 바타이유가 일종의 '내적 망명 상태'에서 매우 고독하게 살았음을 증언하고 있다.[1] 사실 바타이유는 젊은 시절 아웃사이더를 자처한 초현실주의자 진영으로부터 스스로를 '왕따'시킨 이후 1962년 죽을 때까지 아웃사이더 중의 아웃사이더로서 살았다. 그런데 이런 기나긴 소외가 보상을 받는 데는 그리 오랜 시간이 걸리지 않았다.

1968년 학생혁명은 기존 사유의 틀을 송두리째 바꿔놓았다. 미셸 푸코(Michel Foucault)는 프랑스 68혁명이 낳은 스타 지식인이었다. 『광기의 역사 *Histoire de la folie à l'âge classique*』를 통해 광기와 비정상을 복권시킨 그는 이런 사유에 더없이 어울리는 바타이유를 20세기 최고 작가의 반열에 올렸다. 이후 바타이유는 전복과 일탈을 갈망하는 젊은 지식인들 사이에서 특별한 유행이 되다시피 했다.

따지고 보면 바타이유가 거부의 대상이 된 것도, 유행의 대상이 된 것도 모두 에로티즘에 대한 그의 독특한 견해 때문일 것이다. 바타이유는 에로티즘이 오랫동안 우리의 사유 세계로부터 배제되어왔음을 한탄한다. 우리의 사유 세계는 생산성과 유용성을 지향하는 노동에 주된 초점을 맞추어왔다. 그런 까닭에 에너지의 소모로 특징지어지는 에로티즘은 사유의 세계로부터 배척받았고, 한낱 욕설과 음담패설의 영역에 내던져진 채 웃음의 대상이 되었다. 바타이유는 사유를 성의 차원으로 내릴 것을, 그리고 성을 사유의 차원으로 올릴 것을 제의한다.

바타이유가 에로틱한 소설의 작가, 에로티즘의 이론가라는 일반적 선입견은 옳다. 문학사적으로 보면 그는 18세기의 사드(Donatien Alphonse François Sade), 19세기의 보들레르(Charles Baudelaire)를 뒤잇는 20세기의 에로티즘 작가임에 틀림없다. 그러나 바타이유의 진면목이 에로티즘 이야기에만 있다고 생각하면 그것은 오산이다. 오늘날 바타이유는 극단적 에로티즘을 그린 소설가로서보다는 사치·놀이·전쟁·예술·희생제의(犧牲祭儀)·축제·술·섹스·도박 등 '저주의 영역'에 진지한 사유의 빛을 비춘 인류학자, 이를 통해 '소비의 경제학'을 정립한 사회학자로서 더욱 각광받고 있는 것으로 보인다.

바타이유의 독창성은 인간이 겉으로는 생산에 몰두하는 듯하지만 실은 끝없이 소비에 탐닉하는 존재라는 점을 지적함으로써 감히 마르크스(Karl Marx)의 '생산의 경제학'의 대척점에 섰다는 사실에 있다. 모스(Marcel Mauss)의 『증여론 Essai sur le don』을 읽은 바타이유가 보기에, 인간과 세계가 존속하기 위해 진정으로 중요한 것은 생산과 축적이 아니라 소비와 상실이다. 여기서 잠시 용어를 정리해두자. 바타이유는 『저주의 몫』에서 소비의 개념을 중심으로 일반경제 이론을 펼쳤는데, 설명의 편의상 우리는 앞으로 이를 '소비의 경제학'이라고 부를 것이다. 생산과 축적이 자본주의자들에게도 공산주의자들에게도 제일의 강령이었던 만큼, '소비의 경제학'이 당대의 지식인 사회에 어떤 충격을 던졌을지는 짐작하고도 남음이 있으리라.

바타이유 사유의 특징은 한마디로 기성 가치의 '전복'이다. 그러므로 기성 가치의 전복 세대인 프랑스 68세대가 바타이유에 열광한 것은 당연한 일이다. 데리다(Jacques Derrida)의 해체주의는 바타이유의 전복적 사유 없이 탄생할 수 없었고, 푸코의 '광기의 역사'는 바타이유의 과잉의 탐구 없이 씌어질 수 없었고, 보드리야르(Jean Baudrillard)의 '소비의 사회학'은 바타이유

조르주 바타이유.

의 '소비의 경제학' 없이 성립될 수 없었다. 바타이유의 사유는 이처럼 현대 사상의 뼈대를 이루고 있다. 바타이유의 세계로 들어서는 독자들의 발걸음을 가볍게 하기 위해 우리가 할 일은 두 가지이다. 하나는 총론으로서 바타이유의 파란만장한 지적 여정의 핵심을 제시하는 것이고, 다른 하나는 각론으로서 그 여정 가운데 그냥 지나쳐서는 안 될 길목들을 간략하게 짚어보는 것이다.

인간의 신화를 전복시킨 바타이유의 신화

바타이유는 인간이 이성적 동물이라는 '신화'를 전복시키는 데 일생을 바쳤다. 하지만 시간의 흐름과 함께 그 역시 우리에게 하나의 신화, 즉 광기의 철학자라는 신화로 다가오고 있다. 이 신화의 기원과 구체적 내용은 무엇인가?

기실 바타이유는 살아 있을 때부터 하나의 신화였다. 한편 상식을 뛰어넘는 사유, 한마디로 몰상식한 사유 때문에 접근하기 힘든 사상가였고, 다른 한편 엄청난 양의 저술 때문에 접근하기 힘든 사상가였다. 갈리마르(Gallimard) 출판사에서 간행한 바타이유 전집은 모두 12권으로 구성되어 있는데, 저마다 600쪽 안팎의 방대한 분량을 담고 있다. 시, 소설, 시론, 이론 등 다양한 글이 실린 이 전집에서 바타이유는 정치, 경제, 철학, 종교, 인류학, 문학, 미학 등 광활한 학문 세계를 종횡무진 천착하고 있다. 이 천착은 사드, 헤겔(Georg Wilhelm Friedrich Hegel), 니체(Friedrich Wilhelm Nietzsche), 모스, 브르통, 사르트르, 카뮈(Albert Camus), 블랑쇼(Maurice Blanchot), 라캉 등과의 상호텍스트적[2] 대화의 산물이다.

일체의 상식을 무시하는 바타이유의 사유 세계에서 배제되는 것은 아무것도 없다. 아니 일상의 세계에서 배제되는 것, 그가 우리 사회의 '이종(異種, l' hétérogène)'이라고 부르는 것이 오히려 그의 열정적 사유 대상이 된다. 그는 '그래야만 하는 세계'가 아니라 '있는 그대로의 세계', 즉 윤리가 아니라 현실을 보려고 노력했다. 이런 그의 사유가 정통적 사유로 대우받기는 애초에 힘든 일이었으며, 따라서 그의 야심 찬 기획은 흔히 동시대의 스캔들이 되었다. 그리고 때로 그 스캔들은 프랑스 지식인 사회를 뒤흔든 대논쟁을 낳았다.

바타이유 대 브르통, 바타이유 대 사르트르

바타이유의 목소리가 들리지 않은 동시대의 대논쟁이란 없었다고 해도 과언이 아니다. 그 가운데 바타이유에게 가장 힘겨웠던 것은 브르통과의 논쟁, 그리고 사르트르와의 논쟁이었다.

논쟁이 일었던 1929년 당시 프랑스 지식인 사회에서 브르통은 초현실주의의 대부로서 매우 영향력 있는 사상가였다. 1920~1930년대는 대살육의 광풍이 지나가자마자 더 큰 살육의 먹구름이 다가오던 시대, 바로 양차 세계대전 사이에 위치한 시대였다. 유산이라고는 절망밖에 없었던 이 시대에 젊은 지식인들이 현실에 환멸하고, 초현실에 매달린 것은 당연했다. 바타이유는 초현실주의자들과 폭넓게 친교를 나누었지만, 초현실주의자가 되지는 않았다. 젊은 지식인들 사이에서 브르통과 바타이유는 마치 필생의 라이벌처럼 행동했다. 전자는 초현실주의를 순혈하게 지키려 했고, 후자는 초현실주의의 이탈자들을 규합했다.

바타이유에 대한 브르통의 비난 중에서 「2차 초현실주의 선언」에 나오는 비난은 가장 가혹한 것이었다. 거기서 바타이유는 "일반적 형태의 정신적 장애"를 지닌 환자요, "더럽고, 얼빠지고, 역겹고, 저열하고, 음탕하고, 저능한" 세계에서 관능을 찾는 "신경쇠약 환자"일 뿐이다.[3] 브르통이 사용한 일련의 형용사를 보면 그가 품었던 적의가 어느 정도인지 짐작할 수 있으리라.

반(反)초현실주의 잡지 『도큐먼트 *Documents*』(1929~1931)를 통해 브르통을 공공연히 공격하던 바타이유는 1930년 브르통의 예술적·사상적 죽음을 선언하는 「시체 Un Cadavre」라는 집단 팸플릿을 제작했다. 바타이유는 선언했다. "늙은 탐미주의자, 그리스도의 얼굴을 한 가짜 혁명가, 황소 브르통 여기 잠들다."[4] 바타이유와 더불어 「시체」에 서명한 이는 초현실주의자였던 데스노스(Robert Desnos), 레리스(Michel Leiris), 프레베르(Jacques Prévert), 크노(Raymond Queneau) 등이었다. 더욱이 「시체」는 브르통이 기성 작가의 대명사였던 아나톨 프랑스(Anatole France)에 대항하여 제작한 팸플릿의 형식과 제목을 그대로 재현하고 있었기에, 브르통의 분노는 더욱 컸다.

1943년 『내적 체험』이 발표되었다. 바타이유가 실명으로 발표한 최초의 저작인 이 책을 읽고, 사르트르는 저자를 비판, 아니 조롱했다. 『남방 노트 *Les Cahiers du Sud*』지에 기고한 사르트르의 글은 「새로운 신비론 Un nouveau mystique」이라는 제목부터 일종의 야유였다. 왜냐하면 바타이유가 탐구하려 했던 것은 인류학이지 종교가 아니었기 때문이다.

바타이유 씨가 때로는 신의 이름을 부여하고 때로는 신의 이름을 박탈하는 이 야만적이고 자유로운 미지의 인간, 그는 '아무것도 아닌 것(rien)' '밤' '비지(non-savoir)' 등의 낱말로 구체화되는 순수한 무(無, néant)와 같은 인간이다. 바타이유 씨는 그저 소박한 범신론적 황홀경을 마련했을 뿐이다.[5]

사르트르에게 바타이유는 '광인'이요, '편집증 환자'에 지나지 않았다. 글의 말미에서 바타이유에게 남은 일은 정신분석학자의 치료를 받는 것이라고 말함으로써 조롱은 극에 달했다. 『니체론 *Sur Nietzsche*』을 통해 바타이유는 사르트르의 비판에 답했지만, 상처는 이미 돌이킬 수 없는 것이었다.

브르통과 사르트르가 각기 초현실주의와 실존주의의 수장으로서 금세기를 대표하는 지식인이었기 때문에, 비판의 파장은 매우 컸다. 더욱이 양자는 공히 바타이유를 사상가도 작가도 아닌, 일개 광인일 뿐이라고 결론을 맺지 않았던가. 우리는 광인을 어떻게 취급하는가? 치료? 치료를 거부한다면? 그땐 격리뿐이다. 전술한 대로 바타이유는 프랑스 지식인 사회에서 가혹하게 소외당했다.

기막힌 것은 바타이유 자신도 스스로를 정상인이 아니라고 생각했다는 사실이다. 그는 『내적 체험』에서 "나는 철학자가 아니라 성자요, 아마도 광인이다."라고 말했다.[6] 사르트르와 브르통이 공히 광인이라고 부른 바타이유, 스스로 정상인이 아니라고 생각한 바타이유, 그러나 푸코가 20세기 최고 작가 가운데 하나라고 평가한 바타이유, 그는 어떤 삶을 살았을까?

바타이유의 삶과 죽음

프랑스어에서 '바타이유(Bataille)'는 고유명사 외에 '싸움' '전투'라는 의미의 보통명사로도 사용된다. 그의 삶에 비추어 정히 적절한 성(姓)이 아닐 수 없다. 그의 삶은 한마디로 지적 전투였다. 흔히 바타이유의 사상은 난해하고 복잡하기 이를 데 없다고 알려져 있다. 하지만 실은 난해하다기보다는 난삽하며, 복잡하다기보다는 산만하다고 말해야 옳을 듯하다. 이제 그 난삽하고 산만하게 흩어져 있는 삶과 사유의 퍼즐 조각들을 모아 조금은 정리된 지도를 만들어보자.

'아버지'라는 강박관념

바타이유의 주관적·객관적 광기는 불행한 유소년기와 무

관해 보이지 않는다. 1897년 9월 10일, 퓌드돔(Puy-de-Dôme) 의 한 마을 비용(Billom)에서 바타이유가 태어났다. 그때 그 의 아버지는 매독 환자이며 장님이었다. (눈이 핵심 오브제인 소설 『눈 이야기』를 상기하자.) 아버지는 이내 이성을 잃은 백 치 상태에 들어갔고, 걷지도 못했다. 병들고 눈먼 아버지가 어린 바타이유에게 어떤 영향을 미쳤을지는 굳이 길게 설명 하지 않아도 좋으리라. 더욱이 1915년에 어머니마저 심한 우 울증으로 자살을 기도한 후 백치 상태가 되었다. 바타이유가 평생 광기의 강박관념을 벗어나지 못한 배경에는 이런 불행 한 가족사가 있다.

일차세계대전이 발발한 1914년은 세 가지 면에서 바타이 유에게 중요한 해였다. 첫째, 가톨릭 신앙에의 입문이다. 하 기야 풍비박산이 난 가정환경 속에서 자란 청소년이 종교에 매달리는 것은 자연스러운 일이 아닐까? 둘째, 일생의 소명 의 발견이다. 이제부터 그가 할 일은 글을 쓰는 것, 특히 역설 의 철학(philosophie paradoxale)을 정립하는 것이라고 결론 내 린다. 셋째, 죄의식의 생성이다. 독일의 공습을 피해 (탄생 직 후 이사했던) 렝스(Reïms)를 떠나 오베르뉴(Auvergne) 지방의 고향 마을 근처로 갔는데, 이때 홀로 버려진 불구의 아버지는 끔찍한 일 년을 보낸 후 사망했다. 후일 바타이유는 이때의 심경이 엿보이는 『죄인 Le Coupable』을 썼다.

경건한 신앙과 사제의 길

1915년 어머니가 자살을 기도하고, 아버지가 고독 속에서 죽은 탓일까? 죄의식과 더불어 한층 깊어진 신앙심은 바타이유로 하여금 마침내 신부가 될 결심을 하게 했다. 1917년 캉탈(Cantal)의 생플루르(Saint-Flour) 신학교에 입학한 그는 이듬해까지 신학을 공부했다. 그는 육체적 쾌락에 대한 욕망을 윤리적 부패의 지름길이라고 규정한 중세 종교 텍스트 선집을 열심히 읽었다.

> 스무 살에 오베르뉴의 산악 지방에서 그는 스스로에게 노동과 명상의 규율을 부과하면서 성자의 삶을 영위했다. 그는 혼자서 철학 분야 바칼로레아(baccalauréat, 대학입학자격시험)를 준비했고, 동시에 종교와 신학을 공부했다. 그는 아주 엄숙한 분위기의 할아버지 집에서 공부했는데, 이 집은 그가 저녁이면 틀어박히곤 했던 오래된 로마식 성당 근처에 있었다. 그는 성당지기가 육중한 문을 닫는 소리조차 듣지 못한 채 기도와 명상에 잠기곤 했다.[7]

바타이유가 종교로부터 멀어진 것은 1920년대에 들어서면서부터이다. 1920년 런던을 여행하던 중 베르그송(Henri Bergson)의 『웃음 *Le Rire*』을 읽었는데, 그는 웃음이 신을 능가하는 지극한 해소의 힘을 지니고 있음을 깨달았다. 환언하면 종교보다 육체가 더욱 본질적인 것이라고 믿었던 듯하다. (1918년에 입학한) 파리 국립 고문서학교(Ecole de Chartes)를 1922년 차석으로 졸업한 바타이유는 기념으로 마드리드 여행을 했다. 우연히 들어간 마드리드 투우장에서 그는 투우사 그라네로(Manuel Granero)의 끔찍한 죽음을 목격했다. (『눈 이야기』의 「그라네로의 눈」을 보라.) 경이롭게도 이 비극을 통해 그는 폭력과 공포가 더없는 쾌감의 열쇠일 수 있음을 온몸으로 경험했다. 두 여행으로 흔들린 바타이유의 종교적 환상을 완전히 산산조각 낸 것은 니체 독서였다.

철학적 사유 : 니체와 헤겔

1923년 바타이유는 니체에 심취했다. "니체의 세세는 나로 하여금 더 이상 할 말이 없게 만들었다."[8] 신의 죽음을 선언한 광기의 철학자 니체에게서 그는 마치 자신의 거울을 발견하는 듯했다. 바타이유를 니체의 세계로 이끈 것은 러시아 철학자 셰스토프(Léon Chestov)였는데, 그는 니체의 사상적 제자로서 비이성의 문제를 탐구했다. 바타이유는 니체와 셰스토프를 통해 광기의 강박관념에 시달리는 사람이 자기만이 아님을 알았다.

1924년 국립 도서관 사서로 취직하면서 물질적 · 시간적

여유가 생긴 탓인지, 아니면 이때부터 초현실주의자들과 교제하기 시작한 탓인지 바타이유는 다소 문란한 생활을 영위했다. 그러나 1930년을 전후하여 파시즘이 기승을 부리자 그는 주저 없이 사회참여에 뛰어들었다. 1935년 그는 마르크스주의자들, 초현실주의자들과 함께 '반격(Contre-attaque)' 그룹을 창설하여 반(反)파시즘 투쟁을 전개했다.[9] 바타이유로 하여금 사회참여에 뛰어들게 한 사상가는 헤겔, 더 정확하게 말해 헤겔을 해석한 코제브(Alexandre Kojève)였다.

1933년에서 1939년까지 코제브의 헤겔 강의에 열광하지 않은 파리의 청년 지식인은 거의 없었다. 그리고 그 모두의 인생에 정도의 차이는 있을망정 지울 수 없는 무늬를 남겼다. 바타이유, 브르통, 정신분석학자 라캉, 철학자 아롱(Raymond Aron), 메를로퐁티(Maurice Merleau-Ponty), 알튀세(Louis Althusser), 소설가 크노가 숨죽이며 강의를 들었다. 바타이유는 코제브가 소개한 노(老)헤겔의 초상화에서 사물의 본질을 꿰뚫은 자, 즉 신이 된 자의 공포를 읽었다. 말하자면 그가 헤겔에게서 본 것은 변증법적 이성을 넘어선 신성한 광기였다.

전쟁과 내적 체험

1939년 이차세계대전이 터졌다. 브르통은 미국으로 망명

했지만, 바타이유는 프랑스에 남아 참상을 지켜보았다. 외부에서 일어나는 전쟁의 재앙은 그로 하여금 내부에서 일어나는 공허의 재앙을 보게 했다. 그는 그 공허를 글쓰기로 메우려 했다. 미친 듯한 열정으로 시, 소설, 에세이 등 십여 권의 책을 썼는데, 그 가운데 『내적 체험』이 당시 그의 사유를 가장 잘 요약하고 있는 것으로 보인다.

1943년에 출판된 『내적 체험』은 세계를 설명할 수 있다고 자신하는 신도 이성도, 즉 종교도 과학도 거부한다. '내적 체험'은 세계의 재앙과 세계의 환희를 내면에서 체험하고자 하는 일종의 정신적 수련이다. 그것은 헤겔을 부정하고 니체를 긍정하는 듯하다. 바타이유는 종교인들의 '신비체험 (expérience mystique)'과의 비교를 통해 '내적 체험'의 요체를 설명했다.

우선, 공통점을 보자. 내적 체험과 신비체험은 바타이유가 특유의 의미를 부여하는 '비지(非知)' 상태의 경험을 말한다. 일체의 감각, 일체의 언어, 일체의 지식이 상실되고, 육체의 힘, 정신의 힘, 영혼의 힘이 한 방울 남김없이 소모될 때, 우리는 그때 비로소 비지의 상태에 이른다. 이 절대적 소모, 이 순수한 상실, 이 완벽한 빈손의 상태가 바로 바타이유가 '지상권(至上權, souveraineté)'의 경지라고 부르는 인간 경험의 최고 영역이다.

다음, 차이점을 보자. 신비체험은 언제나 결말을 원한다. 신비체험이 겪는 '비지의 밤'은 궁극적으로 '지의 빛'을 겨냥하고 있다. 반면 내적 체험은 결과나 결말을 전제로 하지 않는다. 요는 해답 없는 물음이다. 그것은 끝없는 "비(非)의미의 의미"이며, "의미의 비의미"이다.[10] 다시 말해 신비체험은 결말을 향한 직선운동이지만, 내적 체험은 니체의 '영원 회귀'와 유사한 원운동이다. 신비론자에게 문제는 초월성 즉 하늘이지만, 바타이유에게 문제는 내재성 즉 '지금, 여기, 나'이다. 요컨대 신비론자에게는 밤의 저편이 존재하지만, 바타이유에게는 영원한 밤이 있을 뿐이다.

성적 황홀경을 생각해보라. 고독하게 불연속적으로 존재하던 주체가 고독하게 불연속적으로 존재하던 타자와 한 몸이 되기 위해, 즉 존재의 연속성을 구현하기 위해[11] 돌연 평소의 빛과 이성의 세계와 전혀 다른 밤과 광기의 세계로 들어간다. 범람의 물결, 파열한 주체, 무한한 열림, 안도 바깥도 없는 합일, 과잉의 현기증, 끝없는 심연, 죽음과도 같은 삶……. 바타이유는 내적 체험을 하나의 '재앙'이라고 불렀다. 주체를 주체의 절멸로 이끄는 황홀경이란 얼마나 큰 재앙인가. 내적 체험은 몰아(沒我)의 왕국이요, 절멸의 축제이다. 전쟁은 이처럼 그에게 존재의 진실을 깨닫는 계기로 작용했다.

소비의 개념과 죽음

바타이유가 어렸을 때부터 광기와 죽음의 강박관념에 시달렸음은 이미 말한 바 있다. 『마담 에드와르다』의 제사(題詞)로 선택한 헤겔의 경구를 보라.

죽음은 존재하는 것 중에서 가장 끔찍한 것이고, 쉼 없이 죽음을 인식한다는 것은 더할 나위 없이 큰 힘을 필요로 한다.[12]

그런데 삶이 고뇌에 빠질수록 기이하게도 바타이유는 더욱더 평정한 삶을 추구했다. 죽음의 공포와 심오한 평정 속에서 씌어진 만년의 책들은 그가 평생 쓰고 싶어 했던 '보편적 역사'를 요약하고 있다. 이 가운데 가장 이론적이고, 가장 체계적인 책은 1949년에 발표된 『저주의 몫』이다. 바타이유가 18년의 인생을 할애했노라고 자부한 이 책, 자신의 저술 가운데 가장 중요하다고 자평한 이 책은 어떤 내용을 담고 있을까?

『저주의 몫』의 '일반경제학(économie générale)'에 따르면, 지구는 대가 없이 무한히 주어지는 태양열 때문에 늘 에너지의 과잉에 시달린다. 만일 우리가 에너지의 과잉을 적절히 해소하지 못하면, 지구는 폭발의 재앙에 직면할 것이다. 『저주의 몫』에서 바타이유는 모스의 『증여론』에 기대어 과잉 에너지를 인류의 공생을 위해 소비하기를 권한다. 그가 보기에 고대인들은 이런 유(類)의 소비에 능했다. 전형적 예로서 그는 아메리카 북서부 인디언들의 포틀래치(potlatch)를 들고 있다. 인류의 역사는 우리가 과잉 에너지를 지혜롭게 소비하지 못할 때마다 불가피하게 전쟁이라는 비극적 양식에 의존할 수밖에 없었음을 보여준다. 그러므로 현대사회가 축적의 욕망을 버리지 않는다면, 그 결과는 재앙 외에 아무것도 없을 것이다. 바타이유의 '소비의 경제학'은 이 책의 본론을 구성하므로, 여기서는 이 정도 소개에 그치자.

바타이유가 죽기 직전에 몰두한 분야는 예술의 역사와 에로티즘 연구이다. 그에게 예술의 역사는 곧 인간의 역사에 대한 삽화이다. 1955년 두 권의 예술 서적을 발표했는데, 하나는 예술의 기원을 설명하는 『라스코 혹은 예술의 탄생 *Lascaux ou la naissance de l'art*』이며, 다른 하나는 예술적 현대성의 기원을 설명하는 『마네 *Manet*』이다. 뒤이어 바타이유는 자신의 에로티즘 이론을 집대성한 『에로티즘』(1957)을 발표했다. 유명한 '킨제이 보고서'를 피상적인 것으로 일축하면서 '에로티즘의 내적 체험'을 강조하는 이 책은 오늘날 에로티즘 이론서의 최고봉으로 일컬어진다. 『에로티즘』의 내용 역시 본문에서 상론될 것이므로 그만 말문을 닫도록 하자.

1961년에 발표한 바타이유의 마지막 작품 『에로스의 눈물』은 에로티즘과 예술의 역사를 결합한 독특한 책이다. 『에로티즘』이 에로티즘의 성경이라면, 『에로스의 눈물』은 에로티즘의 도해(圖解) 성경이라고 할 수 있다. 『에로스의 눈물』에서 바타이유는 가독성(可讀性)의 제고를 위해 이만 년 전 라스코 동굴벽화에서 20세기 후반 베이컨(Francis Bacon)의 그림까지 에로티즘과 관련한 수많은 희귀 자료를 활용했다. 에로티즘의 도해 성경의 완성과 더불어, 그의 글쓰기도 그의 인생도 막을 내렸다. 1962년 7월 8일 아침 파리에서 바타이유가 죽었다. 죽음의 문턱에서 그가 남긴 마지막 한 마디는 이것이다. "다 그런 거지 뭐!" [13]

바타이유의 이론과 창작

　바타이유는 은밀히 거래되는 외설적 창작서의 저자인 동시에 어렵고 학문적인 이론서의 저자이다. 앞서 간헐적으로 탐색된 바타이유의 이론과 창작에 초점을 맞추어보자. 설명의 와중에 '소비의 경제학'과 '에로티즘' 이야기가 다시 개괄적으로 언급될 텐데, 반복과 중첩은 바타이유의 사유 소개에서 어느 정도 불가피한 일이므로 너무 탓하지 말자.

철학 : 과잉, 소비, 에로티즘, 역설의 철학

　바타이유의 모든 철학적·이론적 서적의 근본 주제는 어떻게 과잉 에너지를 지혜롭게 소비할 것인가라는 물음과 관련된다. 과잉은 인간의 안과 바깥에 두루 존재한다. 과잉은 이

해도 설명도 불가능하다. 그러기에 바타이유는 과잉 '을' 탐구하기보다는 과잉 '과 함께' 탐구한다.[14] 그는 과잉을 논하면서 과잉에 휩싸인다. 바타이유 저술의 난해함은 바로 여기서 비롯한다. 이를테면 그는 애초에 사유할 수 없는 것을 사유하기에 늘 모순과 역설에 빠지는데, 중요한 것은 그가 모순과 역설을 삶의 본질로 여긴다는 사실이다. 그러므로 바타이유에게 문제는 지적 추론에 의한 과잉의 지양이 아니라 내적 체험에 의한 과잉의 동반이다.

인류의 난제인 과잉 에너지의 소비와 관련하여 바타이유가 가장 공들여 탐구한 분야는 에로티즘이다. 인간 생명의 시작과 끝을 알리는 성과 죽음은 세계의 씨줄과 날줄이다. 도대체 성과 죽음 없는 삶, 성과 죽음 없는 예술을 어떻게 상상할 수 있을까? 바타이유의 에로티즘은 성과 죽음을 잇는 고리이기에 우리에게 유혹과 동시에 공포로 다가온다. 이를테면 과잉 에너지의 소비 방식인 에로티즘은 그 자체가 다시 과잉에 휩싸여 풀 수 없는 모순과 역설을 드러낸다.

그렇다면 인식과 정의가 불가능한 과잉을 어떻게 탐구할 것인가? 그것을 탐구할 수 있는 것은 단지 우리가 '비지의 체험' '지상권의 경지' '불가능의 영역'으로 들어갈 때뿐이다. 그런데 비지, 지상권, 불가능의 차원에서는 일관성 있는 논증을 기대할 수 없다. 바타이유의 저술이 항용 단편적 이야기,

생략 부호, 여담, 동어반복적인 주장으로 가득한 것은 이런 면에서 어쩔 수 없는 일이다. 그러니 그의 글에 결론이 없어도 이해하자. 어차피 그의 글은 논증이 아니라 역설, 완성이 아니라 미완성을 운명으로 하고 있으니까 말이다.

경제학적·인류학적 글쓰기

만일 바타이유의 저술이 처음부터 끝까지 과잉에 대한 내적 체험의 표현에 머물렀다면, 우리는 그의 사유를 이해하기가 더욱 힘들었을 것이다. 그런데 다행히 그는 경제학적 지식과 인류학적 지식을 원용하여 과잉의 기원과 소비의 역사를 학문적으로 기술했다. 그 풍요로운 결실이 바로 『저주의 몫』과 『에로티즘』이다.

바타이유가 말하는 일반경제학에 의하면, 과잉의 기원은 태양에너지에 있다. 개별경제, 예컨대 가계경제에서는 에너지의 부족 즉 빈곤이 발생할 수 있지만, 전체경제, 예컨대 세계경제에서는 언제나 에너지의 과잉 즉 잉여가 발생한다. 앞서 말한 대로 잉여를 적절히 해소하지 못할 경우 전쟁이 발발한다. 고대사회는 전쟁을 예방하기 위해 '증여-선물 교환'이라는 지혜로운 소비 방식을 개발했지만, '매매-상품 교환'에 기반을 둔 현대사회는 소비를 외면하고 축적에 혈안이 되어 결국 두 번의 대전을 일으켰다. 이것이 바로 바타이유의 일반경제학의 간단한 요약이다.

바타이유는 재생산을 위한 소비가 아니라 잉여의 소모 그 자체를 위한 순수 소비를 '비생산적 소비(dépense improductive)'라고 불렀다. (증여-선물 교환 외에 그가 비생산적 소비의 전형적 형태로서 든 것이 바로 에로티즘이다.) 기독교 체제, 자본주의 경제, 공산주의 경제는 공히 인간의 비생산적 소비를 단죄했다. 그러므로 바타이유의 철학은 철두철미 기성 질서에 대한 도전이요 전복이라고 할 수 있다.

인류학자, 경제학자로서 바타이유가 사회 유형을 구분하는 기준은 과잉 에너지의 소비 방식이다. 이윤 추구에 눈이 멀어 잉여를 축적하기만 하는 탐욕적 자본주의에, 과잉 에너지를 모두 집단 조직에 귀속시키는 파시즘에, 생필품의 충족을 위해 잉여를 축적하는 공산주의에 바타이유는 증여와 축제를 통해 잉여를 지혜롭게 소비하는 인디언 사회와 아즈텍 사회를 대립시킨다. 그렇다면 강고한 기독교 윤리에 바탕을 둔 현대 자본주의 사회에서 바타이유가 에로티즘을 비롯한 비생산적 소비 양식을 자유롭게 보여줄 수 있는 공간은 없었을까? 문학 창작이 바로 그 공간이었다.

문학 : 위반의 글쓰기와 언어의 한계 체험

바타이유는 문학을 통해 삶의 어두운 진실, 밤의 진실, 즉 이면의 세계를 제시하고자 했다. 그런데 삶의 어두운 진실은 오직 금기의 위반을 통해서만 드러나며, 금기의 위반은 인간 사회에서 윤리적 악으로 간주된다. 『문학과 악』에서 그가 연구한 사드, 보들레르, 주네(Jean Genet) 등은 모두 위반의 세계를 탐험한 위대한 아웃사이더 작가들이다. 아웃사이더 작가로서 바타이유가 보여준 과잉과 위반은 주제, 등장인물, 구조, 언어 등 작품의 내용과 형식에 두루 걸쳐 있다.

첫째, '에로티즘'은 바타이유가 선호하는 주제이다. 『눈 이야기』 『마담 에드와르다』 『시체』 『하늘의 푸른빛』 등은 엽기적 에로티즘으로 넘쳐난다. 거기에는 매춘, 외설성, 벌거벗음, 쾌감, 오르가즘 등의 테마와 함께 성욕을 자극하는 부위나 체위와 관련된 육체의 담론이 무수히 등장한다. 확실히 바타이유의 소설은 에로틱하다. 그러나 바타이유가 에로티즘이라는 주제를 인류학과 줄기차게 연관시키는 한, 그의 소설을 '에로소설'로 읽는 것은 매우 피상적인 독서가 될 것이다.

둘째, '여성성'은 바타이유 소설의 서사적 특징이다. 바타이유의 소설은 대개 남성 화자에 의해 일인칭으로 서술된다. 그런데 등장인물이기도 한 이 남성 화자는 예외 없이 여성 등장인물의 영향으로 그 삶이 과잉의 소용돌이에 휩싸인다. 여성이 행동을 주도한다는 점에서 페미니스트들이 좋아할 요소가 있지만, 그렇다고 바타이유의 소설을 페미니즘 소설로 볼 수는 없을 것이다. 왜냐하면 여주인공들은 모두 방탕의 화신으로서 사회학적 견지에서 보면 한 사회의 룸펜들이기 때문이다. 『눈 이야기』의 시몬(Simone), 『마담 에드와르다』의 마담 에드와르다, 『하늘의 푸른빛』의 디르티(Dirty), 『시체』의 마리(Marie) 등은 상상을 초월하는 동물적 외설성과 단말마의 경련을 보여주는데, 남성 화자들은 예외 없이 그들의 히스테리컬한 육체에 미친 듯 빠져든다.

셋째, '희생제의'는 바타이유 소설의 구조적 특징이다. 소설의 등장인물들은 희생제의 특유의 죽음의 시련 혹은 죽음과도 같은 시련을 공유한다. 희생제의에서와 마찬가지로, 소설의 시련에서 고통과 쾌감은 한 덩어리가 된다. 예를 들면 시몬이 제의 집행자가 되고 마르셀(Marcelle)이 희생 제물이 되는 『눈 이야기』에서 고통과 쾌감은 더 이상 구분이 불가능하다. 때로는 누가 제의 집행자이고 누가 희생 제물인지 모를 정도로 인간관계가 혼미해지거나 무의미해진다.

넷째, '비의미'는 바타이유 소설의 언어적 특징이다. 바타이유에 의하면, 과잉은 이성으로 논증할 수 없는 것이다. 과잉은 오직 내적으로 체험할 수 있을 뿐이다. 그러므로 바타이유는 내적 체험, 즉 과잉의 발작을 그저 묘사하려 애쓴다. 과잉의 의미 포착이란 애초에 불가능한 것이기에, 그는 의미 전달에는 관심이 없다. 그의 글쓰기의 구체적 특징은 이렇다. 통사론의 차원에서 볼 때, 바타이유는 문장의 비틀기를 시도한다. 예컨대 관행상 그 자리에 전혀 쓰이지 않는 전치사를 쓰기도 하며, 흔히 도치되지 않는 두 부분을 도치시키기도 한다. 이는 과잉, 격정, 도취 등을 더욱 강조하기 위한 것이다. 의미론의 차원에서 볼 때, 바타이유의 글쓰기는 의미를 고정시키는 것이 불가능한 어휘들로 구성된다.[15] 가공이 없는 투명한 언어, 단순하고 짧은 문체, 엽기적 스토리, 상상을 초월하는 노골적 표현 등은 독자로 하여금 벼락을 맞은 듯 한순간 아무 생각도 할 수 없게 만든다. 요는 텍스트의 의미가 아니다. 텍스트를 읽은 독자에게 남는 것은 오직 강렬한 이미지, 눈물겨운 감정, 그리고 가쁘게 몰아쉬는 거친 숨결뿐이다.

레지스탕스 운동에 열정적으로 참여했던 프랑스 시인 르네 샤르(René Char)는 레지스탕스 운동에 무관심했던 바타이유에게 보낸 편지에서 이렇게 말했다.

> 오늘날 인간의 주요 영역은 모두 당신에게 속해 있습니다. (중략) 당신의 존재는 제게 몹시 신비스럽게 보입니다. (중략) 우리는 자신의 생각에 충실한 한 인간을 보기 위해 오래도록 당신의 뒤를 따를 것입니다.[16]

르네 샤르가 옳았다. 1960년대 말, 상징적으로 말하자면 1968년 학생혁명 이후 젊은 지식인들은 바타이유의 책을 필독의 대상으로 삼았다. 오늘날 68세대는 그들 차례로 기성세대가 되었다. 적지 않은 시간이 흘렀고 또 68세대의 글마저 비판적으로 읽히는 지금, 삶의 어두운 진실을 담은 바타이유의 책이 여전히 청년 지식인들의 필독서로 꼽히는 이유는 무엇일까? 그것은 아마도 변증법적 사유가 형이상학적 사유보다 지성의 힘을 키우는 데 더 유효하기 때문일 것이다. 정녕 빛을 더 잘 알기 위해서는 어둠 한가운데 서야 하지 않을까?

"인류의 난제인 과잉 에너지의 소비와 관련하여 바타이유가 가장 공들여 탐구한 분야는 에로티즘이다. 인간 생명의 시작과 끝을 알리는 성과 죽음은 세계의 씨줄과 날줄이다. 도대체 성과 죽음 없는 삶, 성과 죽음 없는 예술을 어떻게 상상할 수 있을까? 바타이유의 에로티즘은 성과 죽음을 잇는 고리이기에 우리에게 유혹과 동시에 공포로 다가온다."

2부

『저주의 몫』
혹은 소비의 역사

『저주의 몫 *La Part maudite*』(1949)의 서문에서 바타이유는 이 책이 18년에 걸친 작업의 결실이라고 밝혔다. 『저주의 몫』의 초안이라고 할 수 있는 논문 「소비의 개념 La notion de dépense」이 출판된 것은 1933년이다. 하지만 그가 책의 근거가 되는 사유에 깊이 빠져들기 시작한 것은 「소비의 개념」을 쓰기 훨씬 이전인 것으로 보인다. 『저주의 몫』과 관련하여 결정적인 사유의 실마리를 제공한 글은 바로 1925년에 발표된 모스의 『증여론』이다. 환언하면 바타이유는 『저주의 몫』을 쓰는 데 거의 사반세기를 투자했다고 할 수 있다.

『저주의 몫』은 지구의 운행 원리로서의 소비를 탐구하고, 소비 양식에 의거하여 지금까지 존재했던 인간 사회를 재분류하고자 하는 책이다. 여기서 바타이유는 자신의 인간관, 자연관, 세계관을 체계적으로 개진하고 있다. 바타이유가 모스에게서 물려받고 보드리야르에게 물려준 독특한 인류학적·경제학적·사회학적 사유 체계를 앞서 우리는 '소비의 경제학'이라 부르자고 제안한 바 있다. 이제 '소비의 경제학'이 무엇인지 『저주의 몫』을 펼치고서 본격적으로 공부해보자.

일반경제와 소비 이론

진리, 전복, 비웃음

'소비'는 바타이유의 필생의 주제였다. 일찍이 「소비의 개념」에서 그는 세계의 존재 조건을 비전통적 시각에서 파악했다. 세계가 본질적으로 생산과 축적이 아니라 소비와 상실을 통해 존재 조건을 마련한다는 그의 주장은 이른바 정통파 학자 혹은 제도권 학자들을 대경실색하게 만들었다. 그는 『저주의 몫』을 쓰면서 항간의 비우호적 시선을 지속적으로 의식했다.

몇 년 전부터 나는 "당신은 어떤 책을 계획하고 있습니까?"라는 질문에 "정치경제에 관한 책입니다."라고 대답하면서 항상

거북함을 느껴야 했다. 내가 보기에 그런 시도가 나를 잘 알지 못하는 사람들을 당황하게 만들었던 듯하다. (사람들이 내 책들에 대해 갖는 관심은 언제나 문학적 차원의 관심인데, 그것은 어쩔 수 없는 일이었다.) (중략) 그래서 나는 "내가 쓰고 있는 (오늘 출판하게 된) 책에서는 정치경제적 사실들을 기존의 전문 경제학자들과는 다르게 고찰했고, 곡물 판매 못지않게 희생제의, 교회 건축, 보석 선물 등을 중요하게 취급했습니다."라고 덧붙여 말해야만 했다.(P51~52)[1]

바타이유는 서문에서 『저주의 몫』이 지구과학, 사회학, 역사학, 생물학, 정치경제학 등 모든 과학의 원리를 조명하는 문제, 지금껏 제기되지 않았던 초유의 문제를 다루고 있다고 밝혔다. 그것은 다름 아닌 '과잉 에너지의 소비' 문제이다. 그런데 미래의 궁핍에 대비할 수 있는 생산·축적·성장의 문제에 비해 과잉 에너지의 소비 문제가 정녕 결정적인 중요성을 가질 수 있는 것일까? 더욱이 생명체에게 근본적인 문제가 '필요'가 아니라 '사치'라는 바타이유의 말을 듣고 보면 혼란은 가중된다.

바타이유는 묻는다. 아무도 기대하지 못한 책, 그 어떤 질문에도 답할 수 없는 책, 정상적 교육을 받은 작가라면 쓰지 못했을 책으로써 사람들의 정신을 혼란스럽게 하는 갑작스러운 전복 행위가 과연 환영받을 만한 일인가? 대답 대신 그는 다시 묻는다. 만일 우리가 기성 질서와 고정관념의 틀에만 갇힌다면 어떻게 세상의 수수께끼를 풀 것이며, 어떻게 우주의 운행 원리를 밝힐 것인가? 그리하여 그는 다음과 같은 선언으로 자신의 비전통적 그리고 비정통적 글쓰기를 정당화한다.

> 우스꽝스러워지지 않고서는 아무도 깜짝 놀랄 일을 이룰 수 없다. 전복해야만 한다. 그것이 전부이다.(P52)

그렇다. 합의된 상식을 뒤엎는 새로운 진리를 주장하는 자는 비웃음을 각오하지 않으면 안 된다. 그의 이름이 갈릴레이이든 바타이유이든 간에 말이다.

태양, 잉여, 소비

『저주의 몫』의 탐구 대상은 '일반경제' 즉 지구 전체경제의 문제이다. 바타이유의 삶은 두 번의 세계대전으로 얼룩져 있다. 바타이유는 왜 산업이 비약적으로 발전하는 시대에 세계적 규모의 전쟁이 일어나곤 했는지 자문한다. 그가 보기에 세계대전의 원인과 결과는 오직 총체적 산업 경제를 연구할 때에만 파악이 가능하다. 다시 말해 지구 에너지의 변화와 관련한 일반경제의 탐구는 인간과 세계의 존재 조건을 이해하는 지름길일 수 있다.

　바타이유는 연구의 초점을 과잉 에너지, 즉 '잉여'에 맞춘다. 문제는 아프리카 빈민에게서 보듯 '개별경제'의 차원에서는 언제나 빈곤이 발생하지만, 지구 전체의 에너지라는 '일반경제'의 차원에서는 언제나 '과잉'이 발생한다는 사실이다.

> 개별적 개체가 항상 자원 고갈의 위험 그리고 소멸의 위험에 직면하는 반면, 일반적 실존 즉 지구 생명체 전체에게 자원은 항상 넘쳐난다. 개체의 관점에서 문제는 자원의 부족이지만, 전체의 관점에서 문제는 잉여이다.(P80)

　그렇다면 왜 지구에는 항상 잉여, 즉 과잉 에너지가 발생할까? 그것은 일체의 '성장'의 근원인 태양빛이 대가 없이 주어지기 때문이다. 태양은 우리에게 아무것도 요구하지 않는다. 태양은 우리에게 엄청난 에너지를 끊임없이, 그것도 공짜로 준다. 생명체는 그 넘치는 에너지의 일부를 포획하여 자기 것으로 만든다. 그런데 모든 생명체는 생명을 유지하는 데 필요한 에너지보다 더 많은 에너지를 받아들이며, 에너지의 초과분을 체계, 예컨대 신체의 성장에 쓴다. 문제는 성장이 한계에 다다랐을 때이다. 그때부터 초과 에너지는 반드시 대가 없이 상실되고 소모되지 않으면 안 된다. 그렇지 않을 경우,

생명체는 비극을 맞는다.

생각해보자. 예를 들어 황소에게 영양분을 제공하면, 황소는 성장을 거듭할 것이다. 그런데 알다시피 황소의 성장에는 한계가 있다. 이 한계를 넘어 영양분이 계속 공급되면, 황소는 비만으로 폭발하고 말 것이다. 폭발하지 않기 위해 소는 초과 영양분, 즉 과잉 에너지를 조건 없이 소모하지 않으면 안 된다. 운동을 통해서든 노동을 통해서든 말이다. 지구도 매한가지이다. 과잉 에너지를 적절하게 소진하지 못하면, 우리는 공멸할 수밖에 없다. 이를테면 대가 없는 상실, 무조건적 소비는 세계의 존재 조건이다.

그런데 인간은 과잉 에너지를 가장 사치스럽게, 가장 집약적으로, 가장 과시적으로 소비하기에 적합한 존재이다. 인간에게 '지상권(至上權)'이 있다면, 그것은 낭비의 권한이다. 인간이 만물의 영장이 되고 우주의 정점에 서는 것은 바로 낭비의 능력에 의해서이다. 개별경제는 항상 낭비를 악덕으로 비난하지만, 그 비난이 에너지의 전체적 흐름을 변화시킬 수는 없다. 에너지를 축적해두는 것은 더없이 어리석은 일이다. 에너지는 운명적으로 우리를 위해 사라져야 한다.

성장

지구의 풍요의 원천은 태양에너지이다. 과학적 지식에 앞서 인간은 느낌으로 알곡이 익는 것이 태양 덕분인 줄 알았다. 생명체는 개체의 성장과 종족의 성장을 위해 태양에너지를 활용한다. 그러나 주목해야 할 것은 성장이 무한히 지속될 수 없다는 사실이다. 개인이나 집단의 성장은 늘 다른 개인이나 다른 집단에 의해 제한당한다. 자연의 총체적 성장을 제한하는 것은 바로 지구라는 비좁은 공간이다.

> 생명은 지구상의 이용할 수 있는 모든 장소를 차지하고 있다. 사방으로 영향을 미치는 '압력'의 강도는 생명에 의해 결정된다. 생명이 자신의 가처분 공간을 증대시키기 위해 일정 장소를 점유하려 할 때, 그때 작용하는 힘이 압력이다. (중략) 예컨대 정원사의 정원이 버려지자마자 주변 생명의 압력으로 정원은 풀과 숲으로 뒤덮일 것이며, 뒤이어 동물들로 들끓게 될 것이다.(P70)

모든 생명체가 성장을 지향하기에, 지구에는 끊임없는 영역 싸움, 즉 경쟁적 '압력'이 발생한다. 투우를 보려고 모여든 관객을 예로 들어 보자. 관객의 입장은 당연히 투우장의 좌석 수에 따라 제한된다. 그런데 좌석 수보다 더 많은 관객이 운집했을 때, 이때 발생하는 것이 압력이다.

압력의 첫 번째 결과는 가처분 공간의 '확장'이다. 이를테면 군중은 바깥의 나무 혹은 가로등에 매달려 투우장 안을 훔쳐본다. 생명의 경우 일차적이고 근본적인 공간은 물과 대지이다. 그러나 생명의 압력은 금세 대지 다음으로 대기를 생명의 가처분 공간으로 만들었다. 대기를 차지한 것은 새, 곤충, 나무 등이다.

압력의 두 번째 결과는 생명체의 '소진' 즉 '소비'이다. 지구라는 공간이 한정되어 있는 이상, 확장은 반드시 한계에 이른다. 말하자면 투우장 안을 볼 수 있는 공간의 확대에는 한계가 있게 마련이다. 그런데 만일 투우를 볼 수 있는 공간이 더 이상 없음에도 불구하고 여전히 사람들이 모여든다면, 그 경우에는 자연스럽게 빈자리가 생길 때까지 기다리거나 아니면 강제로 빈자리를 만들 수밖에 없다. 단순하게 말하자면, 자연스럽게 빈자리가 생기는 것, 그것이 생명의 자연사(自然死)이며, 강제로 빈자리를 만드는 것, 그것이 살생이다. 요컨대 새로운 생명체의 성장에 길을 터주는 것은 기존 생명체의 '죽음' 즉 완전한 소진이다. 지구 생명 전체의 차원에서 볼 때, 역설적이게도 죽음만이 삶을 보장한다.[2]

한편 『저주의 몫』에서 바타이유는 종종 에너지의 집약적 소비를 '사치'라고 부른다. 그런데 인간만이 사치를 하는 것은 아니다. 자연도 사치를 하는데, 바타이유는 자연의 기본적인 사치로서 '먹기' '성(性)' '죽음'을 들고 있다. 이 세 가지 자연의 사치는 모두 개체 혹은 종(種)의 성장과 관련된 사치이다.

생명체끼리 먹고 먹히는 현상은 사치의 가장 단순한 형태를 보여준다. 일반적으로 동물이 식물보다 더 많은 에너지의 소비, 즉 더 큰 사치를 요구한다. 식물은 땅에 뿌리를 내리고 엽록소를 통해 태양에너지를 받아들이면서 금세 성장하는 반면, 동물은 성장을 위해 상대적으로 훨씬 더 많은 시간과 공간을 필요로 한다. 말하자면 모든 생명체는 정도의 차이가 있을망정 성장을 위해 많은 에너지를 소비한다.

성행위 역시 에너지를 갑작스럽게, 열광적으로 소비하는 사치스런 운동이다. 순간적으로 볼 때 성행위가 요구하는 소비는 개체의 능력을 훨씬 상회하는 것으로 보인다. 그것은 때로 육체, 재산, 정서의 탕진, 즉 존재 전체의 탕진을 초래하기도 한다. 여기서 기억해야 할 것은 성장이란 문제에 비추어 성행위가 정말 사심 없는 행위라는 사실이다. 성행위는 종의 차원에서는 번식 즉 성장을 겨냥하지만, 개체의 차원에서는 에너지의 집약적 소비를 의미할 뿐이다. 우리가 타인에게 귀중품을 공짜로 나누어주는 것이 사치라면, 개체가 새로운 개체에게 공짜로, 아니 에너지의 상실과 함께 생명을 나누어주는 것은 분명한 사치이다.

죽음은 그 치명적이고 냉혹한 형태로 볼 때 우리가 상상할 수 있는 사치 중에서 가장 값비싼 것이다. 자연사이든 살인이든 간에, 죽음은 후세를 위한 빈자리를 마련한다. 죽음이 없다면, 인간도 없다. 짧게 말해 삶이란 죽음의 불꽃놀이이다. 생각해보라. 아무도 죽지 않고 새 생명만이 무한히 탄생한다면, 과연 지구가 존속할 수 있겠는가? 그러므로 인간이 죽음을 저주하는 것은 몹시 잘못된 일이다.

놀라운 것은 먹기, 성, 죽음이라는 고가(高價)의 사치에도 불구하고 인간 사회가 과잉 에너지의 해소를 위해 종종 전쟁에 기댈 수밖에 없었다는 사실이다. 전쟁이라는 비극적 해결책을 피하기 위해 인간이 생각한 것이 바로 '비(非)생산적 소비'이다. 말하자면 성장이 한계에 이르러 전쟁으로 과잉 에너지를 해소할 필요가 발생하기 전에, 비생산적 소비로 과잉 에너지를 미리 파괴함으로써 결과적으로 전쟁을 예방하는 것이다. 전쟁이 과잉 에너지의 비극적 파괴라면, 비생산적 소비는 과잉 에너지의 유쾌한 파괴이다. 그렇다면 비생산적 소비란 구체적으로 무엇을 가리키는 것일까?

비생산적 소비

바타이유는 인간의 소비를 두 가지로 구분한다. 하나는 '생산적 소비(consommation productive)'로서 개인이 생명을 보존하고 생산 활동을 유지하는 데 필요한 소비를 가리킨다.

쉽게 말해, 먹어야 숨도 쉬고 일도 할 수 있을 것 아닌가. 다른 하나는 '비생산적 소비'로서 생명 보존과 재생산이 아니라 소비 그 자체를 목적으로 삼는 소비이다. 예를 들면 사치, 종교 예식, 기념물 건조, 전쟁, 축제, 스포츠, 장례, 예술, 도박, (생식이 아니라 쾌락을 목적으로 하는) 섹스 등이 이런 유의 소비에 해당한다.

여기서 잠시 용어 번역의 문제를 짚어두자. 바타이유는 대개 생산적 소비의 개념에는 '콩소마시옹(consommation)'이라는 용어를 부여했고, 비생산적 소비의 개념에는 '데팡스(dépense)'라는 용어를 부여했다. 우리나라에 바타이유를 본격적으로 소개한 불문학자 조한경 교수의 경우 전자를 '소비'로, 후자를 '소모'로 번역하여 구분했다. 그런데 '소모'는 '소모전'이라는 어휘에서 보듯 생산도 없지만 의미도 없는 소비로 확대해석될 위험을 지니고 있는 듯하다. 사실 바타이유가 말하는 '비생산적 소비'는 인류의 생존과 관련하여 '생산적 소비'보다 훨씬 더 비상한 의미를 내포하고 있다. 따라서 이 책에서는 혼란을 줄이기 위해 생명 보존과 재생산을 위한 소비를 지칭할 때에는 반드시 '생산적 소비'라는 구체적 용어를 사용할 것이다. (하지만 이 용어를 사용할 일은 그리 많지 않을 것이다.) 그리고 넓은 의미의 소비와 비생산적 소비를 지칭할 때에는 '소비'라는 용어를 사용하고, 특히 후자를 강조할 필요가 있을 때에는 '비생산적 소비'라는 원래의 용어를 사용할 것이다.

군이 '쾌는 취하고 불쾌는 버린다'는 프로이트(Sigmund Freud)의 '쾌락 원칙'을 들먹이지 않더라도 인간이 궁극적으로 쾌락을 추구한다는 것은 부인하기 힘들 것이다. 그러나 인간이 무한정 그리고 무작정 쾌락을 추구할 수는 없다. 쾌락을 추구하기 전에 인간은 생명의 보존과 종족의 보존을 위해 일정하게 재화를 획득하고 축적하지 않으면 안 된다. 인간 사회가 생산과 축적을 가치 있는 활동으로 인정하는 것은 이런 이유에서이다. 그리고 예술, 섹스, 도박 등 소비와 상실을 목표로 하는 활동에 저주의 낙인이 찍히는 것도 같은 이유에서이다.[3] 인문학자로서 바타이유의 가장 큰 공헌은 바로 이 비생산적 소비에 찍힌 저주의 낙인을 지우고자 노력한 데 있다.

바타이유는 이차세계대전 후의 전문가들이 대개 그랬듯 전전(戰前)의 과잉생산이 야기한 대위기의 악몽에서 벗어나지 못했다. 『저주의 몫』에서 그는 동시대의 경제적 위기가 제기한 문제들을 경제적 관점이 아니라 우주적 관점에서 바라보고자 했다. 우주의 관점, 자연의 관점, 즉 총체적 삶의 관점에서 볼 때, 문제는 생산이 아니라 소비이다. 빈곤에 시달리는 절대다수의 개별경제, 즉 가계경제에서는 당연히 성장이

가능하고 바람직하게 보인다. 그러나 전체경제, 즉 국가경제, 세계경제에서는 에너지가 늘 과잉 상태에 있어 초과분을 파괴하지 않으면 안 된다. 거듭 말하지만 전쟁은 과잉 에너지를 파괴하는 마지막 고육지책이다. 그러므로 문제는 과잉 에너지의 지혜로운 파괴이다.

『저주의 몫』은 인류가 시도해온 과잉 에너지, 즉 잉여의 용법을 규명하고 분류하는 책이라고 할 수 있다. 바타이유는 잉여의 용법 변화에서 문명사 변화의 원인을 찾는다. 그가 보기에 잉여를 가장 지혜롭게 사용한 인간은 우리가 소위 야만인이라고 부르는 고대인들이다. 그는 모스가 쓴 『증여론』을 읽음으로써 이 사실을 알았다. 모스와 바타이유의 안내를 받아 고대사회에서 잉여가 어떻게 사용되었는지 구체적으로 살펴보자.

고대사회의 비생산적 소비 : 증여교환 체계

고대사회의 증여 : 모스의 『증여론』

우주와 생명의 역사에서 인간은 이중으로 중요한 역할을 행한다. 첫째, 인간은 과학기술의 발전을 통해 우주와 생명에 새로운 가능성을 부여한다. 둘째, 인간은 지구의 생명체 중에서 과잉 에너지를 가장 집약적이고 사치스럽게 소진한다. 인간의 상반된 두 얼굴은 이런 모순된 재능에서 온다. 인간은 한편 축적과 성장 즉 아침의 이성을 보여주며, 다른 한편 소진과 낭비 즉 밤의 광기를 보여준다. 후자가 바로 '저주의 몫'임은 말할 필요조차 없다. 그런데 기이하게도 우주가 원하는 인간의 얼굴은 이 저주받은 얼굴이다. 왜냐하면 오직 폭발적 낭비만이 세계를 존속시키기 때문이다. 그렇다면 고대인들은 낭비의 특권을 어떻게 사용했을까?

1872년 로렌(Lorraine) 지방의 정통 유태인 가정에서 태어난 모스는 프랑스 사회학의 창시자로 일컬어지는 뒤르켐(Emile Durkheim)의 직접적 영향을 받았는데, 뒤르켐은 그의 스승이자 삼촌이었다. 인류학과 관련한 모스의 공헌은 구조주의적 연구 방법론에 있다. 그는 하나하나의 '사실'을 그것이 속한 전체사회와의 '관계' 속에서 바라보고자 했다. 그의 연구에서 경제, 법률, 결혼, 신화 등은 독립적으로 존재하지 않고, 하나의 체계를 형성한다. 『증여론』은 이런 연구 태도의 산물이다.

모스는 프랑스의 대표적인 인류학자이면서도 기이하게도 단 한 번도 본격적 현지 조사를 하지 않았으며, 단 한 권의 책도 쓰지 않았다.[4] 그는 제목이 '초고' '시론' '단편' '입문' 등으로 끝나는 논문을 즐겨 썼는데, 이런 제목은 그의 학문적 신중성과 선구자적 입장을 잘 보여준다. 모스는 바타이유, 레비스트로스(Claude Lévi-Strauss), 푸코, 데리다, 부르디외(Pierre Bourdieu), 보드리야르 등 현대 프랑스 지성사를 수놓은 후학들에게 지대한 영향을 미쳤다. 예컨대 레비스트로스는 모스의 증여교환 이론에 기초하여 여자 교환을 통한 부족 사이의 동맹 형성을 분석했다. 그리고 사회 계급의 취향에 의

해 결정되는 개인의 취향의 총체, 즉 아비투스(habitus)는 부
르디외가 새로운 방식으로 사용하기 전에 모스가 이미 사용
했던 용어이다. 바타이유에 대한 모스의 영향은 지금부터 이
야기할 내용에 담겨 있다.

　『증여론』에서 모스는 보아스(Franz Boas)가 아메리카 대
륙의 북서부 해안에서 조사한 포틀래치와 말리노프스키
(Bronislaw Kaspar Malinowski)가 멜라네시아에서 조사한 쿨
라(kula) 등 고대사회의 증여교환 체계를 자세히 분석했다.[5]
분석을 통해 모스는 원시사회 혹은 열등사회라고 잘못 알려
진 고대사회에서 자연경제, 즉 물물교환경제(troc)라는 현상
은 결코 존재하지 않았음을 밝혔다. 이를테면 고전경제학이
주장하는 '물물교환경제→화폐경제→신용경제' 식의 경제
발전 양식은 모스가 보기에 틀렸다. 물론 고대사회에 물물교
환 자체는 존재했다. 하지만 이때 교환된 물건은 의례로서의
'선물'이지 결코 거래로서의 '상품'이 아니었다는 사실에
유의하지 않으면 안 된다. 다시 말해 고대인들의 교환에서
이윤은 추구해야 할 목표가 아니라 회피해야 할 수치(羞恥)
였다.

　모스에 의하면, 고대사회에서 개인과 개인 사이에 생산물
의 교환이 확인된 적은 없다. 교환과 묵계의 주체는 '개인'이

아니라 '집단'이다. 즉 가족, 씨족, 부족이 집단적으로 혹은 우두머리를 매개로, 또는 두 방법을 동시에 쓰면서 생산물을 교환했다. 그런데 교환의 대상은 동산과 부동산처럼 경제적으로 유용한 것만이 아니었다. 그것은 무엇보다 의례, 향연, 군무(軍務), 여자, 어린이, 춤, 축제, 시장 등이었다. 증여교환, 즉 선물 교환의 형태로 이루어지는 이 급부와 반대급부 체계는 일견 매우 자발적인 양식인 듯하지만, 실제로는 엄격하게 의무적인 양식이었다. 만일 선물 교환이 공정하게 이루어지지 않으면, 두 우두머리 혹은 두 집단 사이에는 분쟁이 일어났다.

요약하자면, 모스가 밝힌 고대사회의 증여교환은 '호혜성'의 원리에 바탕을 두고 있다. '상품'은 호혜성을 수반하지 않지만, '선물'은 호혜성을 수반한다. 호혜성은 당연히 등가물의 교환을 전제로 한다. 이 호혜적인 선물 교환은 고대사회의 존립을 보장하는 일종의 집단적 커뮤니케이션 수단이었다. 모스는 호혜성의 원리에 입각한 증여교환의 전형을 아메리카 북서부 인디언의 '포틀래치'와 멜라네시아의 '쿨라'에서 보았다.

포틀래치는 『증여론』을 통해 유명해진 교환 체계이다. '포틀래치'는 인디언어로서 '음식을 제공하다' 혹은 '소비

하다'라는 뜻을 지니고 있다. 포틀래치에 관한 한 다음 장에
서 상세히 다룰 터이므로, 여기서는 짧게 요약하는 데 만족하
기로 하자.

포틀래치는 아메리카 북서부 인디언들이 과잉 에너지를
소비했던 독특한 방식으로서 한 집단의 권력자가 다른 집단
의 권력자에게 힘을 과시하기 위해 엄청난 부를 선물하거나
면전에서 그것을 파괴하면, 경쟁자는 이 도전에 대해 더 큰
부의 선물 혹은 파괴로써 응전하는 행위를 가리킨다. 말하자
면 포틀래치는 상거래가 아니라 증여이며, 이를 지배하는 원
리는 경쟁이다. 경쟁을 통해 권력과 지위를 획득하려 했으므
로, 포틀래치는 항상 타인의 시선을 필요로 했다. 흔히 포틀
래치가 축제를 수반하고 축제가 포틀래치를 수반한 것은 이
런 이유에서이다.[6] 그 어떤 사회에서도 단순한 낭비벽이 '과
시'적으로, '경쟁'적으로 이루어질 때, 그것은 포틀래치의
성격을 띤다. 말하자면 소비가 타인의 '시선'을 끌어들임으
로써 일정한 '권력'을 목표로 삼을 때, 그것은 포틀래치가
된다.

쿨라는 멜라네시아의 트로브리안드(Trobriand)제도의 교
환 체계이다. 인류학자 말리노프스키가 현지 조사를 통해 보
고한 쿨라는 멜라네시아어로 '원(圓)'을 뜻한다. 서로 다른
관습과 문화를 지닌 트로브리안드제도의 여러 섬은 '거대한

의례적 교환의 원' 속에서 결합된다. 기본적으로 교환되는 선물은 두 종류의 성물(聖物)인데, 두 성물은 섬들의 원을 따라 서로 다른 방향으로 교환된다. 하나는 술라바(soulava)로서 조개껍데기로 만든 긴 '목걸이'이고, 다른 하나는 음왈리(mwali)로서 하얀색 조개 '팔찌'이다. 멜라네시아인들의 경우 술라바나 음왈리를 소유하면 기분이 좋아지고, 용기가 생기고, 마음이 가라앉는다. 이런 면에서 쿨라는 신화적·상징적·종교적 의미를 갖는다. 술라바나 음왈리 외에 쿨라에서 교환되는 주요한 선물은 귀중품, 일용품, 음식물, 축제, 봉사 등이었다.

모스는 쿨라를 거대한 포틀래치로 해석한다. 멜라네시아인들은 김왈리(gimwali)라고 불리는 매매 행위와 쿨라를 분명히 구분했다. 김왈리에서 교환의 대상은 선물이 아니라 상품이다. 따라서 김왈리는 흥정에 기반을 두었으며, 쿨라와는 별도로 원시적 시장에서 행해졌다. 쿨라의 경우, 흥정이란 상상할 수 없는 일이다. 쿨라에서 중요한 것은 이익이 아니라 명예이다. 쿨라에서 오늘의 수증자(受贈者)는 내일의 증여자가 된다.

모스의 『증여론』은 교환 유형과 사회 구조 사이의 관계를 최초로 정립한 독보적 연구이다. 이를테면 증여교환과 상품매매는 고대사회 구조와 현대사회 구조를 해명하는 열쇠라고 할 수 있다. 그렇다면 고대사회의 증여교환을 가능하게 한 정신적 메커니즘은 도대체 무엇일까? 도대체 그 어떤 정신 구조가 하나의 체계로서의 선물 교환을 가능하게 한 것일까?

증여의 정신적 메커니즘 : 모스의 『증여론』

관용이 아니라 의무로서의 증여 : 주기, 받기, 답례하기

현대사회에서 증여는 대개 관용의 실천이지만, 고대사회에서 증여는 항상 의무의 실천이었다. 모스에 의하면, 아메리카 북서부 인디언들, 멜라네시아인들, 폴리네시아인들이 행한 증여교환, 즉 선물 교환은 '주기' '받기' '답례하기'라는 세 가지 의무를 전제로 하고 있다.

주기를 거부하는 것은 받기를 거부하는 것 못지않게 예의에 어긋나는 행위이며, 때에 따라 전쟁을 선언하는 행위이다. 한마디로 그것은 교제와 결연을 거부하는 행위이다. 아메리카 북서부 인디언 사회, 특히 콰키우틀(Kwakiutl)족, 하이다(Haida)족, 치누크(Chinook)족 사회에서 추장이나 귀족이 자신의 지위를 유지하기 위해서는 막대한 재산의 소유를 증명하지 않으면 안 되었는데, 재산을 증명하는 방법은 오직 그것을 분배하고 소비하는 것뿐이었다. 증여를 통한 재화의 분배야말로 군사적·법적·경제적·종교적 차원에서 '인정' 받는

가장 중요한 계기였다. 그러므로 주기와 초대하기에 인색한 자가 명예와 지위를 잃는 것은 당연한 귀결로 받아들여졌다. 부족은 후하게 베풀지 않는 지도자를 '알아주지' 않았으며, '감사히 여기지' 않았다. 그리하여 경쟁자의 권력과 명성을 압도하기 위해 아메리카 북서부 인디언들은 초대와 증여를 일상적으로 행하지 않을 수 없었다.

'받기'의 의무도 '주기'의 의무 못지않게 강제적이다. 보르네오 원주민은 부족민의 식사 준비 또는 식사를 목격한 경우 반드시 거기에 참석해야 하는 의무가 발생한다. 아메리카 북서부 인디언 사회에서도 '받기'의 의무는 매우 엄격하다. 타인의 선물을 거부하는 것은 답례해야 하지 않을까 염려하는 것이며, 패배를 자인하는 것이며, 또는 거꾸로 무적(無敵)을 선언하는 것이다. 콰키우틀족의 경우, 높은 지위에 오르거나 앞선 포틀래치에서 이긴 자는 초대나 선물 받기를 거부할 권리가 있다. 그러나 이때 거부한 자에게는 훨씬 더 성대한 포틀래치를 행할 의무가 생긴다. 환언하면 원칙적으로 선물은 감사의 표현과 함께 받아들여진다.

모스의 『증여론』이 특히 강조하는 것은 '답례하기'의 의무이다. 왜냐하면 답례가 이루어지지 않으면, 증여교환 체계 자체가 존재할 수 없기 때문이다. 포틀래치의 정신적 메커니즘에서 '선물을 받는다'는 것은 곧 '도전을 받아들인다'는 것을 의미한다. 선물을 받아들일 수 있는 자는 선물에 대해 답례할 수 있는 자이다. '답례하기'의 의무가 얼마나 절대적인가 하면, 이 의무를 성실하게 수행하지 못한 자는 명예와 지위를 잃음은 물론이려니와 심한 경우 자유를 잃고 노예가 되기도 한다. 수증자가 증여자를 압도하기 위해 더 큰 선물로 답례하려 한다는 것은 말할 필요조차 없다. 요컨대 주기, 받기, 답례하기의 의무는 고대사회의 증여교환 체계를 작동시키는 정신적 원동력이었다.

증여교환 체계와 종교

고대사회에서 증여교환의 목적은 보다시피 명예, 지위, 권력의 획득에 있으며, 이런 목적을 달성하는 과정에서 주기, 받기, 답례하기는 '의무'가 되었다.[7] 그런데 이런 사회적·정치적 계기만으로 증여교환 체계가 작동한다고 생각하면, 그것은 오해이다. 만일 그렇다면 명예, 지위, 권력의 획득을 포기한 채 전혀 다른 방식으로 삶을 꾸려가도 상관없을 것이다. 그러나 그것은 불가능하다. 도대체 그 어떤 힘이 증여교환이라는 암묵적 계약을 이행하지 않으면 안 되게 하는 것일까?

사회적·정치적 계기에 앞서 작용하는 것이 바로 종교적·주술적 계기이다. 뉴질랜드의 마오리(Maori)족의 믿음에 따르면, 물건 즉 타옹가(taonga)는 그것이 태어난 숲의 영(靈) 즉 하우(hau)를 품고 있다. 만일 타옹가의 수증자가 영원히 그 타옹가를 소유하려고 하면, 그는 병에 걸리거나 죽음을 맞이할 것이다. 왜냐하면 타옹가의 수증자를 따라다니는 하우는 자신의 탄생지, 자신의 원소유자에게 되돌아가기를 소망하는데, 이 소망을 가로막을 경우 저주를 내리기 때문이다. 타옹가의 수증자가 이 하우의 주술적 힘에서 풀려날 수 있는 방법은 '답례'밖에 없다. 폴리네시아 사회에서 부의 순환을 지배하는 근본 기제는 바로 물건의 영혼, 즉 하우이다.

물건을 오래 간직하면 물건의 영혼의 저주를 받아 불행하게 된다는 고대사회의 세계관은 얼마나 지혜로운가. 현대사회에서도 이런 세계관이 유효하다면, 재산을 쌓는 일에 혈안이 된 부자는 사라지지 않을까? 주고, 받고, 답례하고…… 더 많이 주고 더 많이 답례하는 자가 명예, 위세, 마나(mana, 비인격적 초자연력)를 지니게 되는 사회야말로 진정으로 공정한 사회가 아닐까? 그리고 정의가 공정을 전제로 한 최대한의 평등을 의미하는 것이라면, 이런 사회야말로 진정으로 정의로운 사회가 아닐까?

아메리카 북서부 인디언들에게서도 폴리네시아인들의 그것과 비슷한 정신적 메커니즘이 발견된다. 그것은 아마 물건의 영을 전제하지 않고 명예심에 호소하는 것만으로는 증여교환 체계가 완벽하게 성립하기 힘들었기 때문일 것이다. 콰키우틀족과 침시아족은 재화를 두 종류로 구분한다. 한편 평범하게 소비되는 일용품이 있고, 다른 한편 문장(紋章)이 그려진 동판, 동물 가죽 담요, 문장을 넣은 직물 같은 귀중품이 있다. 바로 이 후자가 포틀래치 교환의 주된 대상이 되는데, 이를 주고받을 때에는 반드시 성대한 의식을 갖추어야 한다. 왜냐하면 이런 물건들은 성물(聖物, sacra)이기 때문이다.

성물은 조상들이 내린 물건이며, 거기에는 조상의 영혼과 조상에게 그 물건을 준 정령이 깃들어 있다. 따라서 선물로 받은 귀중품은 증여자, 증여자의 조상, 증여자의 부족의 정령과 동일시된다. 특히 문장이 새겨진 동판은 포틀래치의 근본적 재물로서 생명을 지닌 존재이며, 심지어 종교적 숭배의 대상이다. 그것은 그 말의 완전한 의미에서 주술적·경제적 가치를 지니고 있다. 동판은 다른 동판을 끌어오고, 재산을 끌어오는 힘이 있다고 믿어지며, 몇몇 부족의 경우 동판을 소유한 추장은 무적의 강자로 간주된다. 물건에 영혼이 있다고 믿는 이상, 아메리카 북서부 인디언 사회에서 물건을 주고받는 행위는 곧 영혼을 주고받는 행위가 된다. 다시 말해 증여교환 체계의 바탕에는 이처럼 종교적·주술적 힘이 강력하게 작용하고 있다.

'증여'라는 이름의 정의(正義)

『증여론』에서 모스는 여러 지역의 사례를 통해 증여교환이 인류 대다수의 제도였음을 확인한다. 적어도 본격적인 상품, 본격적인 화폐, 본격적인 시장이 형성되기 전까지 말이다. 오늘날 우리는 증여교환을 이해관계를 떠난 무상의 소비 행위라고 단순하게 말하고 있지만, 증여교환은 지금까지 보았듯 순수한 무상의 행위가 아니다. 모스에 의하면, 추장에게 바치는 예물은 권력자의 보호에 대한 공물이며, 추장의 음식물 분배는 부족의 노동, 의례 봉사에 대한 보상이다. 심지어 보상 증여가 아닌 순수 증여의 경우에도 증여자는 수증자에 대한 주술적 힘, 즉 마나의 획득 혹은 적어도 수증자와의 협력 관계의 유지를 목표로 하기 일쑤이다. 말하자면 증여는 자발적인 것이 아니며, 그런 만큼 이해관계를 완전히 떠날 수 없다.

그렇지만 잊지 말아야 할 것은 고대사회의 증여교환이 무사무욕의 산물은 아니라 할지라도 현대사회의 상품 매매가 지향하는 냉정한 이윤 추구를 목표로 하지 않는다는 사실이다. 고대인들은 본질적으로 '재생산'하기 위해서가 아니라 '소비'하기 위해서 재산을 축적했다. 그들이 받은 것 이상으로 답례한 이유는 증여자의 손실을 보충해주기 위해서이기도 했지만, 무엇보다 증여자에게 존경받기 위해서였다. 요는 물질적 효용의 획득이 아니라 정신적 행복의 획득이었다. 이익이라는 관념이 한 사회의 작동 원리가 되기 위해서는 셈족과 그리스인이 발전시킨 상업주의 정신의 태동을 기다려야 했다.

현대사회는 계산, 이윤, 축적, 성장에 몰두하는 자본주의 사회이지만, 그래도 고대의 증여 관행이 부분적으로 남아 있음을 확인하는 것은 유쾌한 일이다. 많은 사람이 평소에는 근검절약하다가도 결혼식이나 장례식에서는 손님들을 위해 파산할 정도로 돈을 쓰곤 한다. 그리고 초대 역시 하는 것도 받는 것도 다소간 의무에 속한다. 초대 손님 명단에서 누군가를 제외할 때에도, 누군가의 초대를 받아들이지 않을 때에도 우리는 상당한 용기를 필요로 한다. 왜냐하면 배제와 거부는 곧 상대방에 대한 모욕이요, 도전이기 때문이다.

선물 교환의 경우에도 고대 증여의 정신적 메커니즘이 그대로 작용한다. 선물을 받고 답례하지 않으면, 수증자의 명예나 지위는 열등한 상태로 추락한다. 심지어 답례할 의지가 있지만 답례할 능력이 없는 경우에도 정도의 차이는 있을망정 지위의 추락은 불가피한 일이 된다. 자선이 어쨌거나 그것을 받는 사람에게 마음의 상처를 입히는 것은 이런 이유에서이다.

물건에 영혼이 있다고 하는 믿음도 일정하게 잔존해 있다.

농부는 새로 산 가축에게서 옛 주인의 흔적을 지우기 위해 외양간에 십자가를 붙이기도 하고, 가축에게 소금을 뿌리기도 한다. 또한 현대사회가 특정 물건에 인정하는 저작권, 특허권, 의장권(意匠權)[8]은 그 물건에 제작자의 영혼이 깃들어 있음을 전제로 하고 있다. 어쩌면 임금노동자의 혁명운동의 심리적 기저에도 틀림없이 자신의 영혼이 깃든 생산물을 기업주에게 선물했음에도 불구하고 상응한 답례를 받지 못했다는 감정이 있지 않을까?

모스는 고대사회의 증여교환의 연구 말미에서 현대사회가 나아갈 길을 제시한다. 개인의 맹목적 이윤 추구는 전체에게 해로울 뿐만 아니라 개인 자신에게도 해롭다. 성실하게 수행한 노동에 대해 평생 동안 답례 받는다고 느끼게 하는 것 이상으로 노동생산성을 높이는 방법은 없다. 상응한 답례, 합당한 지불을 행하기를 거부하는 자는 모욕과 능멸에 몸을 맡기는 자이다. 마오리족은 이렇게 말하고 있다.

네가 받은 만큼 주어라. 그러면 모든 일이 잘될 것이다.[9]

『증여론』을 발표한 1925년 시점에서 모스는 독자에게 현대의 증여, 즉 '사회보장제도'라는 집단 도덕의 확대를 권한다. 부자들은 자발적으로 그리고 의무적으로 고귀한 지출, 즉 '노블레스 오블리주(noblesse oblige)'의 관습으로 되돌아가야 하며, 국가는 노동자들의 노동력이라는 선물에 생활 보장이란 선물로 답례해야 한다.

고대인들은 '주는 것이 이롭다'는 것을 알았기에, 증여로써 과잉 에너지를 해소했고, 결과적으로 전쟁을 막았다. 우리 역시 시급히 전쟁, 고립, 정체를 동맹, 증여, 교역으로 대체하는 것이 옳다. 결론에서 모스는 『아서 왕의 전설 *Chroniques d'Arthur*』을 원용한다. 아서 왕의 기사들은 어리석게도 탁자의 상석을 놓고 싸움을 벌이곤 했다. 해결책은 원탁이었다. 1600명이 동시에 둘러앉을 수 있는 거대한 원탁에서는 높은 자리도 낮은 자리도 없었기 때문에, 아서 왕은 기사들 사이에 싸움 대신 유대를 끌어낼 수 있었다. 아서 왕의 기사들이 원탁의 주위에 둘러앉았듯, 우리는 계급을 막론하고 '공동의 부' 주위에 둘러앉아야 한다. 원탁의 정의야말로 인류의 행복을 보장하는 열쇠가 아닐까.

포틀래치

바타이유가 모스에게서 가장 빈번히 빌려 쓰는 용어는 '증여'가 아니라 '포틀래치'이다. 그러므로 『저주의 몫』뿐만 아니라 바타이유의 사유 세계 전체를 관통하는 핵심 용어 가운데 하나인 포틀래치를 명료하게 이해하기 위해서는 모스의 책을 다시 펼칠 필요가 있다.

모스의 포틀래치

모스가 이해하는 포틀래치 개념은 앞선 증여교환 체계의 설명을 통해 어느 정도 소개되었다. 이제 그 소개를 완성해보자. 아메리카 북서부 인디언 사회의 증여교환 체계는 사실상 멜라네시아·폴리네시아 사회의 그것보다 주민의 삶을 더욱 더 강력하게 지배했다. 아메리카 북서부 인디언 사회에서는 (상품 매매로서의) 물물교환경제라는 개념이 전혀 없었다. 유럽인들이 침략한 이후에도 부의 이전은 오직 포틀래치라는 형식을 통해서만 이루어졌다. 포틀래치에서 중요한 것, 그것은 '신용'과 '명예' 관념이다.

신용이 전제되지 않으면, 포틀래치가 성립될 수 없다. 왜냐하면 상대방의 선물에 답례할 수 있기 위해서는 대개 시간이 필요하기 때문이다. 예컨대 고대사회의 전형적 선물, 즉 공동 식사, 술의 분배, 결혼, 동맹, 축제, 의례 봉사 등은 즉시 준비될 수 없는 것이다. 말하자면 증여자는 수증자의 신용을 인정하고 답례를 기다리지 않으면 안 된다. 여기서 우리는 고전경제학자들의 설명과는 달리 원시사회에서도 일종의 '신용경제'가 이루어졌음을 확인할 수 있다. 포틀래치는 무엇보다 기다림의 관념, 신용 관념에 기초하고 있다.

포틀래치의 또 다른 기초는 선물과 봉사를 명예로 생각하는 데 있다. 실상 고대사회에서 명예는 현대사회에서보다 훨씬 더 민감한 문제였다. 추장과 씨족의 명예와 위세는 받은 것보다 얼마나 더 많이 되돌려주는가에 달려 있었다. 따라서 명예와 위세를 획득·유지·제고하기 위해 끝없는 증여 경쟁이 이루어졌다.[10] 만일 포틀래치를 통해 이득을 취하려는 자가 있다면, 그는 참담한 경멸의 대상이 될 것이다. 예의와 후한 인심으로 가득 찬 포틀래치는 명예롭고 귀족적인 행위였다. 인간은 서명이라는 행위를 알기 훨씬 전에 자신의 이름을 거는 것이 무엇을 의미하는지 알고 있었던 것이다.

포틀래치는 크게 보아 두 종류가 있다. 하나는 지금까지 설명한 '선물'의 포틀래치이며, 다른 하나는 지금부터 설명할 '파괴'의 포틀래치이다. 부족의 유력한 인물들은 종종 답례를 원치 않는다는 의지를 나타내기 위해, 그리고 경쟁자를 압도하기 위해 엄청난 가치를 지닌 물건을 아낌없이 파괴하곤 했다. 그들은 경쟁자의 눈앞에서 기름을 태우고, 바다에 동판을 던지고, 노예를 죽이고, 호화로운 집을 불태웠다. 인디언 사회에서 기름, 동판, 노예, 호화 주택만큼 귀중한 것은 아무것도 없었다. 이런 파괴는 당연히 자신과 가족의 사회적 위신과 지위를 드높였다. 어쩌면 오늘날 특급 연예 스타들이 일반의 상상을 초월하는 소비를 과시하는 행위에도 파괴의 포틀래치와 관련된 심리 기제가 작동하고 있지 않을까?

파괴의 포틀래치는 힘의 과시라는 의미만을 지닌 것이 아니다. 그것은 또한 숲의 정령, 조상의 영혼, 토템, 부족의 신에게 바치는 증여, 즉 희생제의[11]의 의미를 띠었다. 신에 대한 증여의 목적은 악령을 쫓고 행운을 얻는 데 있었다. 포틀래치를 행하는 자들은 신이 자신에게 더 큰 것을 답례하리라고 굳게 믿었다. '네가 주는 만큼 나는 준다(라틴어로 do ut des, 산스크리트어로 dadami se, dehi me)'라는 문구가 여러 경전을 통해 보존되어온 것은 우연이 아닐 것이다.[12] 포틀래치에는 이처럼 증여 관념과 제의 관념, 즉 도덕 관념과 종교 관념이 한데 어울려 소용돌이치고 있다.

간단히 말해 아메리카 북서부 인디언 사회의 삶의 메커니즘은 포틀래치 없이 작동할 수 없었다. 포틀래치는 종교적 · 신화적 · 주술적 현상이다. 여기서 추장은 그들의 조상과 정령과 신의 화신이 된다. 포틀래치는 경제적 현상이다. 여기서 엄청난 규모의 부의 교환이 이루어진다. 포틀래치는 사회적 현상이다. 여기서 사람들은 맞수로서 대립하는 동시에 형제로서 동맹한다. 포틀래치는 법적 현상이다. 여기서 사람들은 암묵적 계약을 맺음으로써 주고, 받고, 답례한다. 포틀래치는 정치적 현상이다. 여기서 개인과 집단의 지위와 권력이 결정 된다. 어쨌거나 사회적 가치를 '인정' 받기 위해서는 개인적 재화를 '분배' 하지 않으면 안 된다는 것, 이 얼마나 갸륵하고 정의로운 지혜인가.

바타이유의 포틀래치

포틀래치는 본래 아메리카 북서부 인디언들의 증여교환 행위이지만, 통상 민족지학자들은 비슷한 원리의 다른 행위 들에도 이 용어를 적용했다. 바타이유 역시 포틀래치를 아메 리카 북서부 인디언들의 증여교환 행위에만 한정하여 사용 하지 않았다. 멕시코의 아즈텍 사회나 멜라네시아 · 폴리네시 아 사회에서도 그는 포틀래치 현상을 보았다.

바타이유는 모스의 『증여론』을 읽음으로써 포틀래치를 알 게 되었고, 포틀래치를 앎으로써 일반경제 이론을 정립하게 되었다. 바타이유도 모스처럼 최초의 교환을 상거래로서의 물물교환으로 생각한 고전경제학을 비판했다. 『저주의 몫』 에서 바타이유는 자기 방식으로 포틀래치를 재정리하고 있 다. 그의 표현을 빌리면, 고대의 물물교환은 '재화를 획득하 려는 욕구' 가 아니라 '재화를 소비하려는 욕구' 의 산물이다. 다만 포틀래치의 소비가 일반 소비와 다른 점은 거기에 '경쟁' '과시' '제의' 라는 원리가 작용했다는 데 있다.

모스가 수없이 강조했듯 포틀래치는 거래가 아니라 증여인데, 이 증여는 단순한 보시가 아니라 경쟁자에 대한 정복의 수단이며, 궁극적으로 명예와 권력 획득의 수단이다. 경쟁자는 받은 것 이상으로 답례하지 않으면 패자가 된다. 포틀래치는 넓은 의미에서 권력투쟁이었다.

포틀래치가 경쟁 행위인 이상, 그것은 타인의 시선을 필요로 한다. 말하자면 여러 사람 앞에서 과시적으로 그것을 행할 필요가 있었다. 고대 멕시코의 아즈텍 사회에서 축제는 주로 군주, 귀족, 상인들이 자신의 부와 지위를 과시하는 기회로 활용되었다. 물론 과시의 방법은 무상의 증여였다.

모스가 말한 '파괴'의 포틀래치가 조상, 토템, 정령에게 드리는 제의의 의미를 띠고 있음은 이미 설명한 바 있다. 포틀래치의 제의적 성격은 아즈텍 사회에서도 부분적으로 확인된다. 아즈텍 상인들의 거래는 매매보다 포틀래치의 성격이 강했는데, 여기에 신성이 개입했다. 먼저, 상인은 군주로부터 부를 '증여' 받는다. 다음, 그는 그 부를 거래 중인 부족들의 통치자에게 '선물'로 준다. 끝으로, 선물을 받은 통치자들은 왕에게 바칠 '답례'의 선물을 준비한다. 상인은 길일의 밤에 그 답례품들을 집으로 가져가는데, 그래야만 성스러운 것이 될 수 있다고 믿었기 때문이다. 그리고 상인은 집에 도착하는 즉시 동료들을 초대해서 '향연'을 베풀고, 참석자들에게 '선물'을 안겨주었다. 만약 그가 신으로부터 받은 은총을 베풀 기회가 생겼음에도 불구하고 그렇게 하지 않는다면, 그는 아주 천하게 취급받을 것이다. 이처럼 아즈텍 사회에서 포틀래치는 일종의 제의처럼 진행되었다.

여기까지의 설명에서는 모스와 바타이유의 차이점이 거의 보이지 않는다. 모스의 연구에 대한 바타이유의 독창적 보완 작업은 그가 포틀래치를 일반경제의 관점에서 '잉여'의 문제와 결부시켜 해석했다는 데 있다. 거듭 말하지만 포틀래치는 부의 획득이 아니라 부의 소비를 겨냥한다. 일반경제의 관점에서 보면, 이는 인간과 우주의 파멸을 막기 위해 잉여를 지혜롭게 소비하는 행위인 것이다. 그런데 포틀래치의 오묘한 역설은 소비가 생산을 야기한다는 데 있다. 즉 증여자는 '부'를 상실함으로써 '권력'을 획득하는 것이다. 이를테면 그가 (물질적) 부를 버리면 버릴수록, 그는 더 큰 (정신적) 부자가 된다.

표면적 획득이 심층적 상실이 되고, 표면적 상실이 심층적 획득이 되는 이 기이한 사회에서 증여 능력은 전투 능력 이상으로 중요했다. 앞서 말했듯 고대사회는 신용과 명예를 생명으로 여기는 사회이다. 신용과 명예를 드높이는 길이 전투가 아니라 증여에 있다는 것은 굳이 설명할 필요가 없으리라. 왜냐하면 전투 능력이란 결국 타자의 재산을 가로채는 힘, 타자의 자리를 뺏는 힘, 즉 타자로부터 이익을 얻어내는 힘이기 때문이다.

포틀래치에 대한 일반경제학적 연구로부터 바타이유는 두 가지 결론을 도출했다. 첫째, 사회 내의 증대 자원이 더 이상 완전한 축적의 대상이 될 수 없는 시기, 다시 말해 과잉 에너지가 비등점에 이르는 시기가 반드시 온다. 이때 사회는 선택의 여지가 없다. 만일 과잉 에너지를 어떤 방식으로든 해소하지 못하면, 사회의 구성원들은 공멸(共滅)에 이를 것이다. 둘째, 소비가 소비자에게 주는 것은 사회적 위신인데, 이 위신이 그의 사회적 지위를 결정한다. 말하자면 사회적 지위를 근원적으로 결정하는 것은 바로 소비이다.

바타이유의 공로는 포틀래치를 일반경제의 관점에서 분석했다는 사실에도 있지만, 포틀래치의 부정적 측면 혹은 적어도 긍정적이지 않은 측면을 지적했다는 사실에도 있다. 바타이유가 보기에 포틀래치의 문제점은 두 가지인데, 그것은 '권력의지'와 '잉여의 불완전한 소비'이다.

첫째, 성장이 무한할 수 없기 때문에 잉여는 소비되어야 하지만, 인간은 부를 소비할 때조차 권력을 열망하는 모순을 보인다. 포틀래치의 어두운 그늘은 이 모순의 심리에서 비롯한다. 증여가 가져온 권력이라 하더라도, 권력은 권력이다. 어쨌든 일자(一者)가 타자의 우위에 선다는 것은 아름다운 일이 아니다. 더욱이 서열과 지위는 시간이 흐를수록 이익 추구의 파렴치한 수단으로 변질되고 말았다.

둘째, 포틀래치는 잉여를 완전하게 불태우는 수단이라고 할 수 없다. 파괴가 아닌 증여의 포틀래치의 경우, 증여자의 입장에서는 포틀래치가 부의 소비이지만, 수증자의 입장에서는 부의 획득이 된다. 말하자면 최종적 증여자는 부를 상실하지만 최종적 수증자가 그 부를 소유하므로, 결국 집단의 부의 총량에는 아무런 변화가 없는 것이다.

바타이유는 고대인들이 선물의 주류를 본질적으로 무익하면서도 엄청난 에너지의 집약을 필요로 하는 물건, 즉 사치품으로 정함으로써 잉여의 불완전한 소비라는 문제를 일정하게 해소했다고 본다. 예컨대 금광을 찾고, 금을 세공하고, 황금 장신구를 만드는 데 막대한 에너지를 소비했다면, 이는 잉여의 완전한 소비라고 말할 수 있다. 바타이유가 보기에 포틀래치를 위한 고대의 사치 산업은 개별경제의 차원에서는 비난의 대상일 수 있지만, 일반경제의 차원에서는 매우 긍정적인 역할을 했다. 물론 이런 주장이 바타이유로 하여금 파격, 나아가 과격에 탐닉하는 병든 아웃사이더 학자라는 평가를 받게 했지만 말이다.

포틀래치와 관련한 바타이유의 파격적인 주장은 여기에 그치지 않는다. 현대사회에서 증여를 통해 명예를 추구하는 부자가 거의 없음을 한탄하면서, 바타이유는 우리 시대의 진정한 사치, 우리 시대의 의미심장한 포틀래치를 빈자들의 혁명에서 찾는 '혁명적' 시도를 한다. 그에 의하면, 혁명은 부를 경멸할 줄 아는 빈자들이 사회의 과잉 에너지를 집약적으로 파괴하는 대규모 포틀래치이다. 이런 주장은 동시대 사회주의자들을 깜짝 놀라게 했다. 사회주의자들에게 혁명이란 무엇보다 생산수단의 공유를 통해 더 큰 성장을 모색하는 행위를 의미한다. 그런데 혁명의 진정한 의미가 '잉여의 공유와 확대재생산'이 아니라 '잉여의 파괴와 소비'에 있다니, 이 얼마나 반동적인 주장인가! 한편 우리는 사회주의자의 개탄과는 별도로, 바타이유에게 이런 솔직한 질문을 할 수도 있으리라. 빈자들은 과연 부를 진정으로 경멸하는 것일까? 혁명 역시 권력 획득을 목표로 부를 소비하는 포틀래치의 모순을 뚜렷하게 드러내고 있는 것이 아닐까?

고대사회의 비생산적 소비 : 희생제의와 전쟁

희생제의

희생제의(sacrifice)는 신에게 제물을 바치는 행위로서 바타이유가 각별히 주목하는 잉여 소비 방식 중의 하나이다. 고대 이스라엘, 고대 인도, 고대 중국 등 세계 도처에서 희생제의가 성스럽게 행해졌다. 오늘날 우리가 보는 기독교의 예배, 유교의 제사, 불교의 예불 등은 모두 고대 희생제의의 변형이라고 할 수 있다. 그런데 희생제의는 그것이 아무리 성스러운 것이라 하더라도 하나의 폭력임에 틀림없다. 그렇다면 도대체 왜 인간은 종교와 폭력을 결합했을까?

프랑스 문화인류학자 르네 지라르(René Girard)가 『폭력과 성스러움 *La Violence et le sacré*』이란 책에서 이에 대한 탁

월한 대답을 제공하고 있다. 그에 의하면, 희생제의의 목적은 공동체를 폭력으로부터 보호하고, 또 그렇게 함으로써 사회적 균형과 유대를 복원·강화하는 데 있다. 무슨 말일까?

지라르는 인간 사회가 끝없이 모방 본능에 의한 폭력 충동에 시달려왔다고 생각한다. 인간은 타인이 가진 좋은 것을 자신도 가지고 싶어 한다. 모방 본능에 따른 선망, 질투, 원한이 폭력을 낳으며, 일단 발생한 폭력은 다시 대응 폭력을 야기한다. 그리하여 때로 사회 전체가 폭력의 악순환을 겪으며, 와해의 위험에 직면하게 된다. 사회가 희생제의를 필요로 하는 것은 바로 이때이다.

희생제의는 폭력의 욕망을 제물에 대한 폭력으로 해소함으로써 폭력의 확대재생산을 막으려는 의지의 산물이다. 이런 까닭에 희생 제물은 본질적으로 인간일 수밖에 없다. 설령 희생 제물이 동물이라 하더라도 그것은 인간의 대체물로 간주되며, 희생 동물에 대한 폭력은 인간에 대한 폭력으로 간주된다. 따라서 인간 혹은 인간과 깊은 관련을 맺고 있는 소중한 동물이 흔히 제물로 선택되는 것이다. 그런데 인간이 제물로 선택되는 경우, 그는 복수할 가능성이 없는 자라야 한다. 왜냐하면 그래야만 폭력이 재생산되지 않기 때문이다. 예컨대 전쟁 포로, 노예, 어린아이, 미혼자 등이 제물로 선택된다. 말하자면 복수의 가능성이 없는 제물에 대한 '성스러운' 폭

력은 구성원들에게 불안감도 죄책감도 없이 폭력의 욕망을
해소할 수 있게 해주는 것이다.

　　지라르가 종교적 관점에서 희생제의를 설명했다면, 바타이
유는 경제적 관점에서 희생제의를 설명한다. 다시 말해 희생
제의를 사회적 잉여의 소비 양식으로 간주하는 데 바타이유의
독창성이 있다. 그는 아즈텍인들의 경우를 예로 들고 있다.

　　고대 멕시코 사회, 즉 아즈텍 사회는 잉여의 문제를 성장
이 아니라 소비를 통해 해소하는 전형적인 사회였다. 우리는
생산과 노동에 몸을 던지지만, 그들은 소비와 제의에 몸을 던
진다. 우리는 우리의 건축술을 아파트를 지어 이윤을 남기는
데 쓰지만, 그들은 그들의 건축술을 피라미드를 지어 인간 제
물을 태양신에게 바치는 데 썼다. 아즈텍인들의 눈에 태양은
그 자체로 '희생'의 표현이었다.

　　아즈텍의 신화에 따르면, 어느 날 제신(諸神)이 '누가 이 세
상에 빛을 밝힐 것인가'라는 문제를 놓고 의논하던 중 몸에 종
기가 난 신 나나우아친(Nanauatzin)이 희생적으로 불 속에 뛰
어든 후 동쪽에서 다시 솟아올랐는데, 그것이 바로 태양이다.
그날 이후 태양은 자신의 몸을 태워 우리에게 끝없이 빛을 주
고 있는 것이다. 그리고 아즈텍인들은 이 빛이 사라지지 않도
록 하기 위해 해마다 인간을 제물로 바쳐 태양을 숭배했다.

희생제의에 대한 아즈텍인들의 열정은 인간 제물이 한 해 이천 명에 이를 정도로 강렬했다. 그들의 희생제의는 잔인한 종교 제의의 정점을 이루는데, 그 양상을 요약하면 이렇다. 사제들은 피라미드 꼭대기에서 인간 제물을 제단 위에 누인 뒤, 흑요석 칼로 가슴을 찌른다. 연이어 살아 펄떡이는 심장을 꺼내 태양을 향해 들어 올린다. 희생자들은 대부분 전쟁 포로들이었다.

아즈텍인들에게 희생제의는 사물의 질서에 편입된 인간을 신의 질서로 승화시키는 성스러운 행위이다. 노예가 된 포로는 원래 주인과 대등한 전사(戰士)였다. 전사를 노예로 만들기 위해서는 주인과 대등한 인격을 박탈해야 한다. 이를테면 주인은 전사와의 대등한 관계를 끊고 그를 주체가 아닌 대상, 즉 하나의 사물로 만들어야 한다. 그런데 희생제의는 이 사물 대상을 다시 인간 주체로 세운다. 설명해보자.

제물로 뽑히기 전에 노예는 주인의 '유용한' 부의 일부였다. 그러나 제물로 뽑힌 순간, 그는 더 이상 하나의 대상이 아니라 제의 집행자와 대등한 주체가 된다. 부활절이 가까워지면, 아즈텍인들은 육체가 아름다운 젊은 포로를 제물로 택한다. 이때부터 그들은 제물을 신의 화신으로 여기며, 무릎 꿇고 경배하며, 네 명의 처녀로 하여금 쾌락의 시중을 들게 한다. 희생제의가 시작되면, 제물은 제의 집행자의 하나로 간주된다. 제물은 굴종의 모습을 보이기는커녕 사제들과 함께 춤추고, 노래하고, 축제를 즐긴다. 제물이 희생되는 것은 바로 축제가 허용하는 심오한 일탈과 거대한 전복 속에서이다.

바타이유는 아즈텍인들의 희생제의가 얼마나 잔인한가를 이야기하고자 하는 것이 아니다. 또한 지라르가 말하듯 희생제의가 폭력의 욕망을 얼마나 잘 해소하는가를 이야기하고자 하는 것이 아니다. 바타이유는 희생제의에서 신성한 소비, 비생산적 소비, 과잉 에너지의 효율적 소비를 보았다. 희생제의의 축제는 피와 부가 흘러넘치는 강이었다. 값비싼 장신구, 넘치는 음식물, 피의 희생은 엄청난 부의 소비를 요구했다. 바타이유는 이런 소비를 통해 현실적 질서의 냉혹한 계산에서 벗어남으로써 인간이 신성을 되찾을 수 있었다고 주장한다. 인간은 미래를 염려하기 때문에 생산과 축적에 부심하고, 생산과 축적에 부심하기 때문에 현재의 즐거움으로부터 소외된다. 솔직히 말해 무익한 소비만큼 우리를 즐겁게 하는 것이 어디에 있을까?

(제의를 포함한) 축제가 기대와 설렘을 주는 것은 그것이 우리에게 금기의 위반을 허용하기 때문이다. 예컨대 브라질의 '리오의 축제'에서 삼바를 추는 무희들의 공공연한 유혹의 자태를 보라. 평소라면 누가 그런 차림과 표정을 하고 리

오의 대로를 행진할 수 있을까? 축제의 혼미한 소비는 타인에게 나의 내밀한 부분마저 감추지 않게 한다. 그것은 고립된 존재들에게 마련된 소통의 길이다. 축제의 물결에 휩싸인 사람들 사이에서 더없이 투명하고, 더없이 개방된 심리가 작용한다는 것은 구구한 설명의 대상이 아니리라.

여기서 독자는 바타이유의 비생산적 소비 예찬이 어디까지나 일반경제의 관점에서 내린 결론이라는 것을 잊지 말아야 한다. 개별경제나 부분경제에서 무조건 비생산적 소비에 탐닉하는 행위는 재앙을 부를 뿐이다. 그러나 일반경제의 차원에서 보면, 기이하게도 비생산적 소비를 소홀히 할 때 재앙이 온다. 바로 전쟁이라는 재앙 말이다.

전쟁

예를 들어 넘을 수 없는 철벽 울타리가 쳐진 국립자연공원이 있다고 가정하자. 그 한정된 공간 안에 태양에너지가 대가 없이 무한정 제공된다. 공간 내의 생명체들은 일단 소정의 에너지를 자신의 생명을 유지하는 데 소비하며, 그런 다음 여분의 에너지를 자신의 성장과 종족의 성장(번식)에 사용한다. 그런데 과잉 에너지의 사용처가 오직 성장뿐이라면, 이 공간 내의 생명체들은 어떻게 될까? 성장의 일정 시점까지는 큰 문제가 없을 것이다. 말하자면 무한정 제공되는 태양에너지에 의해 식물이 순조롭게 성장하고, 그 식물 덕분에 초식동물이 순조롭게 성장하고, 그 초식동물 덕분에 육식동물이 순조롭게 성장할 것이다. 그런데 국립자연공원에는 넘을 수 없는 철벽 울타리가 쳐져 있기 때문에, 언젠가는 더 이상 식물과 동물을 수용할 수 없는 과밀 상태가 초래될 것이다. 하지만 그 시점에서도 태양은 계속 무상으로 국립자연공원에 에너지를 공급한다. 따라서 식물과 동물이 무한정 늘어날 수밖에 없다. 결과는 무엇일까? 끔찍한 공멸뿐이다.

지구는 한정된 공간이기 때문에, 과잉 에너지는 반드시 해소되어야 한다. 만일 국립자연공원 내의 생명체들이 지혜롭다면, 과잉 에너지를 지속적으로 파괴하든가, 아니면 최소한 일부 생명체를 없앰으로써 공간 내의 균형을 회복하든가 해야 할 것이다. 전자는 비생산적 소비로 귀결되며, 후자는 대량 학살로 귀결된다. 단순하게 말해 인류는 평화적 상황에서는 '증여'를 통해, 파국적 상황에서는 '전쟁'을 통해 지구라는 공간 속에서 생명과 종족을 보존해왔다. 다시 한 번 기억하자. 과잉 에너지가 지혜롭게 소비되지 못할 때, 전쟁이 유일한 해결책으로 등장한다.

외면한다고, 모른 체한다고 해서 전쟁을 피할 수 있는 것이 아니다. 우리가 모를 수도 있고 잊을 수도 있지만, 우리가 살고 있는 이 땅에서는 온갖 파괴가 일어난다. (중략) 무지는 즐거운 마음으로 행할 수도 있었을 소비의 기회를 우리에게서 박탈한다. 무지는 특히 인간과 인간의 업적을 파국적 파괴에 넘긴다. 만일 우리가 과잉 에너지를 파괴하지 못한다면, 그 힘이 마치 길들일 수 없는 야수처럼 우리를 파괴할 것이다.(P64)

비생산적 소비는 과잉 에너지의 파국적 소모로서의 전쟁을 피하기 위해 인간이 선택한 효율적인 방안이었다. 그리하여 고대사회는 잉여를 축제, 포틀래치, 실용성 없는 기념물 건조 등에 투여했다. 20세기 인류 역시 잉여의 지혜로운 소비를 위해 축제, 사회보장제도, 스포츠 경기 등을 활성화했지만, 그 정도가 불충분하기 그지없어 결국 전쟁이라는 비극적 수단에 의존할 수밖에 없었다. 대다수 사람들은 인정하지 않으려 했지만, 바타이유는 산업의 지나친 발달, 즉 과도한 성장이 양차 세계대전의 원인이라고 자신 있게 말했다. 서구 제국주의 열강들의 관점에서 보면 양차 세계대전은 식민지 쟁탈전, 즉 생산과 성장을 위한 시장 쟁탈전이었지만, 전체 지구의 관점, 일반경제의 관점에서 보면 그것은 과잉 에너지의 파국적 소비일 뿐이었다.

어쨌든 바타이유는 인간의 지혜로써 전쟁의 비극을 막을 수 있다고 생각한다. 무엇보다 '생산'의 강박관념에서 벗어나고, 과잉 에너지를 즐겁게, 합리적으로 '소비'해야 한다. 양차 세계대전은 과도한 경제적 이익의 추구가 경제 자체에 얼마나 해가 되는지를 극명하게 보여준 사건이다.

> 코페르니쿠스적 변화, 사상과 윤리의 전복은 제한된 경제 관점
> 으로부터 일반적 경제 관점으로 이행할 때에만 가능하다.(P66)

과잉 생산, 과잉 성장, 과잉 축적이 공멸을 부른다면, 소비는 불가피하다. 하지만 우리 또한 과잉 주장을 하지 않도록 주의하자. 초호화 사치, 피라미드 건설 등이 인류의 생존을 위해 불가피한 소비 방식일지는 몰라도 바람직한 소비 방식이 아니라는 것은 분명하다. 불가피하면서도 바람직한 소비 방식, 그것은 '증여'이다. 현대의 증여 방안에 대해서는 나중에 다시 상론하겠지만, 우선 세금을 제대로 내고, 최대한 희사하자. 오늘 우리가 희사하는 돈이 내일 세계대전을 막을 것이니 말이다.

이제 독자들은 『저주의 몫』이 무엇을 말하려 하는지 대략 알게 되었을 것이다. 지금까지 공부한 기본 지식을 토대로, 동양과 서양, 고대와 현대를 종횡무진 넘나드는 바타이유의 역사 해설을 들어보자. 바타이유는 잉여의 처리 방식에 따라 인류 사회를 '소비사회(société de consumation)'와 '기획사회

(société d' entreprise)'로 나누었다. 그는 과잉 에너지의 파괴에 부심하는 소비사회의 예로서 아메리카 북서부 인디언 사회와 고대 아즈텍 사회를 들었는데, 그에 대한 설명은 이미 충분히 이루어졌다. 이제부터 설명할 사회는 생산과 성장을 위해 축적과 노동에 몰두하는 기획사회인데, 바타이유는 그 예로 아랍의 이슬람 사회, 산업혁명 이후의 자본주의 사회, 사회주의 혁명 이후의 공산주의 사회를 들고 있다. 다만 티베트의 라마교 사회만이 예외인데, 이 사회는 소비와 상실을 계획적으로 실행하는 종교적 기획사회이다. 여하튼 소위 문명사회는 대부분 기획사회에 속한다. 지금부터 기획사회의 예를 하나하나 검토해보자.

축적 지향의 기획사회

정복과 성장 : 이슬람 사회

이슬람교와 정복

이슬람교(islam)는 불교, 기독교와 더불어 세계 3대 종교를 이룬다. 마호메트(Mahomet)가 창시한 이슬람교는 기독교보다 더 철두철미하게 유일신을 섬긴다. 창시자 마호메트는 예수와 달리 신의 위치에 올라가지 못한다. 그는 신의 계시를 받은 예언자일 뿐이다. (이슬람교도들에게는 예수 역시 마찬가지이다.) 이슬람의 역사는 마호메트의 후예로서 교권과 정권을 장악한 회교 국왕 칼리프(calife)들의 정복 사업, 이슬람 제국의 분열, 몽고와 터키의 침입, 이슬람 교권의 쇠락으로 요약된다. 이슬람교가 제시하는 가치는 매우 복잡하고, 심지어 모순적으로 보인다. 이슬람교는 한편 자유와 관용을 강조하고, 다른 한편 복종과 폭력을 역설한다.

헤지라(Hégire) 이전의 아랍 사회는 일종의 '소비사회'로서 자유와 관용을 주요한 사회적 덕목으로 여겼다. 헤지라는 622년 마호메트가 고향 땅 메카에서 메디나로 망명 길을 떠나는 사건을 가리키는데, 이는 이슬람교의 기원을 이룬다. 헤지라, 즉 이슬람 이전의 아랍 사회에서는 증여와 소비가 일상화되어 있었고, '주되 얻을 생각을 하지 말라'가 삶의 원리였다.

이슬람교의 출범과 더불어 아랍 사회는 군사적 '기획사회'로 전화(轉化)한다. 이슬람은 산재하는 부족들을 통일하여 제국을 건설하고자 했다. 이때부터 신에 대한 절대적 복종과 이교도에 대한 폭력적 억압이 새로운 사회적 미덕이 되었다. (어원상 이슬람은 '복종'을 뜻한다.) 이슬람교도들에게 정복 전쟁을 지시하는 것은 다름 아닌 코란(Coran)이었다. 코란에 따르면, 일상적 폭력은 배제의 대상이었지만, 이교도와의 전쟁 즉 지하드(jihad, 聖戰)는 의무였다. 그 결과 오늘날에 이르기까지 이슬람 접경지대에서는 전쟁이 끊이지 않고 일어났다.

군사적 기획사회

소비와 증여를 가치 있게 여기던 아랍 족장들은 마호메트의 이슬람교를 아랍의 전통에 대한 모독으로 간주했다. 선지자 마호메트와 신자들의 메디나 이주는 추방의 결과였다. 기독교가 구세주의 탄생을 출발점으로 삼는다면, 이슬람은 헤지라 즉 혈연과 국가를 초월한 새로운 공동체의 수립을 출발점으로 삼는다. 뒤집어 말하면, 기존의 물적 기반이 전혀 없는 이슬람에게 정복 전쟁은 불가피한 선택이었다.

이슬람은 '종교'와 '군사'를 결합하여 점령, 정복, 축적의 길로 들어섰다. 그 길의 최종 목적은 성장이었다. 따라서 일체의 잉여가 소비가 아니라 성장에 투자되었는데, 이것이 이슬람의 강점이자 약점이었다. 정복 사업은 매우 순조롭게 진행되었지만, 종교 생활이 군사 목적에 점점 더 종속되는 결과가 나타났다. 종교는 도덕으로 축소되었고, 열광적 희생제의는 고요한 기도로 축소되었다. 따라서 이슬람교가 십자가에 못 박힌 예수나 부처의 열반과 같은 드라마틱한 이야기를 전해줄 수 없는 것은 당연했다.

이슬람교는 '경건주의(piétisme)'와 엄격한 도덕률을 내세워 비생산적 소비를 악덕으로 배격했고, 검약을 통한 자본 축적을 미덕으로 권장했다. 마호메트는 과시적 소비와 경쟁적 증여를 금지했다. 코란 17장 28절을 펼쳐보자.

탕자처럼 헛되이 낭비하지 말라. 방탕은 악마의 형제이니.(P130)

이슬람 사회가 정복과 성장의 강박관념으로부터 벗어나려면 이슬람 제국의 완성을 기다리지 않으면 안 되었다. 이슬람 제국이 완성되고 그 지배력이 확고해지자, 당연히 잉여가 폭발적으로 늘어났다. 앞서 말했듯, 성장은 필연적으로 한계에 부딪칠 수밖에 없다. 더 이상 성장이 불가능할 때, 축적은 재앙을 부를 뿐이다. 유일한 해결책은 '비생산적 소비'이다. 이슬람 제국은 정복 전쟁을 자제했고, 대신 풍요로운 소비의 문을 열었다. 이에 따라 폭력과 낭비, 사랑과 시를 함께 묶는 아랍 부족의 전통적 '용맹(muruwa)'이 되살아났다. 서양에서 '기사도 정신'이 사랑, 폭력, 낭비, 시 등 아랍 부족의 용맹의 가치를 공유하게 된 것은 바로 십자군 원정 때 아랍 세계의 영향을 받아서이다.

사실 엄격한 축적과 넉넉한 낭비의 교차는 에너지 사용의 일상적 리듬이며, 나아가 필연적 리듬일 것이다. 그러나 후기의 이완에도 불구하고, 전체적으로 이슬람 사회는 '정복에 의한 외부 세계로의 확장'을 통해 잉여의 문제를 해결한 전형적 사례를 제공한다고 말하지 않을 수 없다. 이번에는 반대로 '폐쇄에 의한 내부 세계로의 침잠'을 통해 잉여의 문제를 해결한 사례를 살펴보자.

소비 지향의 기획사회 : 티베트의 라마교

티베트와 라마교

여기서 잠시 책의 편집 문제를 이야기하자. 사실 '축적 지향의 기획사회'를 분석하는 4장에서 '소비 지향의 기획사회'인 라마교 사회 연구는 제외되는 것이 옳을 것이다. 그러나 독립된 절로 처리하기에는 연구의 분량이 너무 적었고, 아예 생략하기에는 연구의 비중이 너무 컸다. 잉여의 용법에 의거해서 문명의 유형을 설명하고 싶어 한 바타이유[13]에게 라마교 사회는 대단히 중요했는데, 왜냐하면 이슬람 사회와 명백히 대비되었기 때문이다. 이런 이유로 우리는 '축적 지향의 종교적 기획사회' 즉 이슬람 사회를 소개하는 연장선상에서 '소비 지향의 종교적 기획사회' 즉 라마교 사회를 소개하기로 했다. 모쪼록 라마교 사회가 '축적 지향의 기획사회'의 반대쪽에 자리하고 있음을 잊지 말자.

바다에서 멀리 떨어진 채 중국, 인도, 네팔, 몽골에 둘러싸인 티베트[14]는 한마디로 문명의 고립 지대였다. 험준한 산악과 가혹한 추위가 역설적으로 군사력이 미약한 티베트의 유일한 방어 수단이 되었을 정도로 티베트의 자연조건은 열악했다. 그런데 티베트를 방문한 서양인이라면 누구나 놀라움을 금치 못했는데, 왜냐하면 달라이 라마의 권위가 교황의 권위를 능가할 정도로 강력했기 때문이다.

불교가 티베트에 들어온 것은 640년경이다. 당시 티베트는 왕정국가였지만, 불교의 영향력이 확대됨에 따라 왕의 영향력이 축소되었다. 11세기경 티베트는 '달라이 라마'의 완전한 지배하에 들어감으로써 신정국가가 되었다. 달라이 라마는 라마교의 최고 지도자로서 티베트인들에게 신의 화신으로 군림했다. 그러나 군사력이 없는 티베트는 외세의 침입을 막기 힘들었고, 따라서 중국의 속국으로 전락하고 말았다. 사실상 달라이 라마의 통치권은 종교적인 영역에 한정되었고, 정치적·군사적 주도권은 늘 중국에 있었다.

중국 관리들에게 달라이 라마의 권력을 무화(無化)시키는 일은 매우 쉬웠는데, 그 이유는 기이한 권력 이양 방식에서 찾을 수 있다. 알다시피 달라이 라마가 죽으면, 티베트인들은 그의 영혼이 환생한 남자아이를 찾는다. 신탁이 한 지역을 지정하면, 달라이 라마의 장례 기간 중 태어난 지역 아이들로 하여금 달라이 라마의 물건을 알아보는 시험을 치르게 한다. 이때 아이들의 나이는 네 살이다. 달라이 라마는 발견되자마자 곧장 즉위하지만, 19세에 '재화신(再化身, réincarnation)'이 되기 전까지는 권력을 행사하지 못한다. 말하자면 약 20년 동안 권력의 부재 기간이 발생한다. 이 기간을 메운 것은 섭

정인데, 달라이 라마가 일찍 죽으면 섭정의 통치는 다시 연장된다. 사실 13대 달라이 라마 이전의 네 명의 달라이 라마는 권력을 잡기 직전 혹은 권력을 잡은 직후에 죽었다. 중국의 관리들이 이들의 죽음과 무관하지 않았음은 말할 필요조차 없다.

20세기 초 중국의 국력이 쇠약해진 탓에 13대 달라이 라마는 예외적으로 장기 집권을 꾀할 수 있었다. 영국과 중국의 간섭으로 여기저기서 망명 생활을 했던 그는 그 덕분에 국제 정치에 눈을 떴고, 군사력의 필요성을 절감했다. 1920년경 그는 군대를 조직·강화하고자 노력했지만, 결국 승려들의 완강한 저항에 부딪쳐 실패했다. 티베트에서는 언제나 기도의 세계가 무기의 세계를 압도했던 것이다.

사실 티베트는 나라 전체가 일종의 사원이었다. 티베트인들은 종교에서 자신의 존재 이유를 찾았고, 종교를 통해 자신을 표현했다. 1920년경 티베트 성인(成人)의 3분의 1이 라마교 승려였다. 더욱이 라마교 사원이 쓴 예산은 국가 예산의 2배, 군사비의 9배에 이르렀다.[15] 승려들이 보기에 외세를 피해 군대에 의지한다는 것은 비를 피하기 위해 물속에 뛰어드는 것과 다를 바 없었다. 왜냐하면 궁극적으로 군대는 외세 이상으로 종교에 적대적 입장을 취할 것이 분명했기 때문이다. 그렇다면 티베트는 왜 이처럼 역사상 어디에도 존재하지 않았던 무장 해제의 '종교적 기획사회'가 되었을까?

라마교와 비생산적 소비

전체경제의 차원에서 보면 아무리 가난한 국가도 잉여를 발생시킨다. 여러 차례 강조했듯, 국가는 잉여의 해결책을 일차적으로 '성장'에서, 그리고 이차적으로 '소비'에서 찾는다.

이슬람 제국이 전쟁을 통한 성장에서 잉여의 출구를 찾았다면, 티베트는 종교를 통한 소비에서 잉여의 출구를 찾았다고 말할 수 있을 것이다. 그것은 사방이 막힌 분지 형태의 가난한 나라, 정복을 꾀할 정도의 잉여가 없는 가난한 나라의 불가피한 선택, 그러나 급진적인 선택이었다. 이런 나라의 경우 내부에서 '순수하게' 잉여를 소진하지 않으면 그 잉여는 매우 '불순하게', 내란이라는 비극적 방식으로 소진될 것이다. 말을 바꾸면 잉여 때문에 발생한 초과 인구 문제의 마지막 해결책은 살육밖에 없는 것이다. 폐쇄된 나라 티베트가 인구 과잉을 막기 위해 선택한 절묘한 해결책, 그것은 잉여를 사원에 기증하는 것이었다. 사원의 순기능은 이중적이다. 하나는 잉여의 소진이며, 다른 하나는 인구 증가의 억제였다.

이슬람 제국이 정복 전쟁을 통해 잉여를 확대재생산한 반면, 라마교는 종교를 통해 대부분의 잉여를 소비했다. 만일 승려 집단이 아무것도 생산하지 않고 소비만 하는 집단, 더욱이 아기를 낳지 않는 비생산적 집단이 아니었더라면, 티베트 내부의 사회적 균형은 곧 위협받았을 것이다. 티베트인들은 열고, 주고, 잃는 데 본질이 있는 비생산적 소비를 훌륭하게 실천했다. 20세기 초 티베트 노동자의 생활수준이 인도 노동자 혹은 중국 노동자의 그것보다 나았던 것은 바로 라마교의 비생산적 소비 덕분이라고 말하지 않을 수 없다. 라마교가 16세기 말 또 하나의 폐쇄 사회였던 몽골로 전파된 것은 이런 면에서 충분히 이해할 만한 일이다.

산업과 성장 : 자본주의 사회

자본주의와 종교개혁

바타이유는 자본주의 사회를 더할 나위 없이 부정적인 시각으로 바라보았다. 자본주의 사회는 끝없이 축적과 성장에 몰두하는 사회로서 잉여의 절대 부분을 산업 발전에 투입한다. 바타이유는 산업사회의 기원을 16세기의 종교개혁에서 찾았다.

바타이유에 앞서 종교와 자본주의 경제의 긴밀한 관계를 파악한 사람은 막스 베버(Max Weber)였다. 그가 보기에 자본주의 기업과 개혁적 신교 사이에는 소비에 대한 저주라는 공통점이 있었다. 그런데 이런 공통분모의 설정에 가장 큰 공헌을 한 이는 시골풍의 순박한 혁명을 주도한 루터(Martin Luther)가 아니라 상업지역의 중산층을 대변한 칼뱅(Jean Calvin)이었다.

알다시피 중세는 교황이 절대권을 행사하던 시대이다. 삶의 온갖 양상이 신앙에 의해 규정되었고, 경제 역시 예외가 아니었다. 여기서 유념해야 할 것은 종교가 '경제적 유용성으로부터의 단절'에서 출발한다는 사실이다. 쉽게 말해 이성과 계산에 따른 경제적 유용성의 추구를 신성한 행위라고 말할 수는 없을 것이다. 종교개혁 이전의 기독교는 과연 경제적 유용성의 강박관념에서 벗어난 채 잉여의 파괴라는 종교 특유의 역할에 충실했다.

전체경제의 차원에서 볼 때, 중세 기독교의 장엄한 예배, 봉헌, 화려한 장식 등은 사회의 잉여를 소비하는 효율적 수단이었다. 그런데 산업혁명과 함께 모든 것이 달라졌다. 생산력이 비약적으로 발달한 근대 자본주의 사회는 산업 발전, 즉 성장을 시대의 슬로건으로 내세우면서 비생산적 소비를 악덕으로 단죄했다.

루터는 성경의 가르침과는 반대로 교회가 사치에 몰두하고 있다고 비판했다. 특히 로마 가톨릭 교회가 축재의 수단으로 판매한 면죄부는 죄악의 상징이었다. 교회는 부를 무위도식, 장엄한 의식, 화려한 교회 장식을 위해 소비했는데, 이는 악마의 징후였다. 루터의 이런 생각은 낭비의 세계에서 유용성의 세계로, 소비의 세계에서 생산의 세계로 옮겨가려는 자본주의에 적실한 이념적 근거를 제공했다. 그런데 바타이유의 눈에 루터보다 더 자본주의적인 종교 이념을 제시한 사람은 칼뱅이었다. 칼뱅은 루터와 달리 이자 수입과 상거래의 도덕성을 인정했다.

> 사업이 토지 소유에 비해 수익성이 없을 이유가 어디에 있는가? 근면과 성실성이 아니라면 상인이 어디서 이익을 취한단 말인가?(P165)

그렇다고 해서 칼뱅과 루터가 근본적으로 다른 길을 간 것은 아니다. 양자의 결정적 공통점은 소비의 단죄였다. 칼뱅은 루터처럼 명상적 무위도식, 과시적 사치를 몰가치하게 여겼고, 경제적 유용성의 추구를 미덕으로 간주했다. 신교도는 근검절약하면서 생산과 성장에 몰두해야 했다.

바타이유에게 마르크스가 공산주의의 원리를 정초한 사람이라면, 칼뱅은 자본주의의 원리를 정초한 사람이었다. 우주라는 무한 자원이 신의 것이라면, 인간이 할 일은 자신의 모든 것을 노동에 바치는 것이고, 생산수단을 발전시키는 것이고, 부를 축성하는 것이다. 그리하여 고대사회가 축제(祝祭)에 열중한 만큼, 근대사회는 축재(蓄財)에 열중했다.

자본주의, 신성, 사물화

자본주의 사회의 경제적 이윤 추구가 얼마나 치열한지 밝히기 위해서는 18세기 중반의 미국 정치가 벤저민 프랭클린(Benjamin Franklin)의 말을 인용하는 것으로 족할 것이다.

시간은 돈이다. (중략) 암퇘지를 죽이는 사람은 그 암퇘지가 낳을 수많은 돼지를 죽이는 셈이다.(P.169)

이 얼마나 가공할 실리주의인가. 자본주의의 실리 추구는 결국 인간마저 상품화하고 '사물화'하기에 이른다.

자본주의를 인류 문제의 근본적인 해결책으로 간주하는 칼뱅주의자들에 의하면, 경제 문제를 해결하지 못하는 한 인간은 자유로울 수 없다. 여기서 그들은 필요조건과 충분조건을 혼동하는 오류를 저지르고 있다. 물적 요구의 충족은 자유의 필요조건이지만, 그것만으로 인간이 자유로울 수 없다는 것은 우리의 일상생활이 입증하지 않는가. 바타이유는 인간의 자유를 위한 충분조건이 종교적 신성의 회복에 있다고 생각한다.

종교는 경제적으로 유용한 사물의 추구, 즉 경제적 이익의 추구를 초월하는 인간 삶의 내밀한 진실을 재발견하려는 욕망의 산물이다. 이런 면에서 종교개혁 이전의 중세인들이 우리보다 좀 더 내밀한 삶을 살았다고 할 수 있다. 우리는 유용성이나 이익에 개의치 않는 사람을 볼 때, 예컨대 사랑을 위해 수억 원을 탕진하거나 빈자를 위해 수백억 원을 희사하는 사람을 볼 때 광기나 신성을 느낀다. 말을 바꾸면, 신성은 경제적 유용성과 무관한 곳에 존재한다.

바타이유는 교회와 헛간의 비교로써 유용성과 신성의 관계를 적절히 설명한다. 교회와 헛간은 모두 일종의 사물이다. 그런데 헛간은 우리에게 수확물 보관이라는 유용한 목적을 가리키지만, 교회는 신도들에게 무엇보다 신성을 가리킨다. 교회가 신도들에게 신성을 가리킨다면, 그것은 교회가 경제적 유용성의 파괴, 즉 세속적 원리의 초월을 함축하고 있기 때문이다. 신도들 가운데 교회의 화려한 장식, 즉 비생산적 소비에 경외의 시선을 던지지 않은 이가 몇이나 될까? 칼뱅주의가 비생산적 소비를 저주하고 경제적 유용성의 추구를 종교적 미덕으로 규정한 이후, 즉 자본주의가 교회를 공장으로 대체한 이후 인간이 신성으로부터 멀어진 것은 지극히 당연한 일이었다.

자본주의 사회에서 인간이 소비가 아니라 성장, 다시 말해 현재가 아니라 미래를 위해 사는 한, 사물화 현상은 계속될 것이다. 생산의 극대화를 겨냥한 분업 체계는 결국 인간을 한낱 기계 부품, 즉 사물로 만들었다. 자본주의 사회의 인간은 오직 사물을 위해 존재하고, 사물에 의해 존재한다. 우리의 신체와 활동을 규정하는 것은 우리의 정신이 아니라 우리의 직장, 즉 사물이다. 우리는 사물 외에는 아무것도 보지 않고, 아무것도 걱정하지 않는다. 신성도 인간성도 우리의 일차적 관심사가 아니다. 우리는 머리에서 발끝까지 사물의 노예, 자본의 노예, 돈의 노예이다. 성장제일주의 사회에서 사물화의 열차에 동승하지 않는 사람은 아웃사이더, 낙오자로 전락할 수밖에 없다.

혁명과 성장 : 공산주의 사회

공산주의, 신성, 사물화

공산주의 사회 역시 눈앞의 빈곤을 탈피하기 위해 강박관념적으로 성장을 추구했다. 성장에 몰입한다는 면에서 공산주의와 자본주의는 상통한다. 빈곤의 해결을 위해 극단적인 근검절약을 강조하는 공산주의는 비생산적 소비를 통해 신성을 되찾으려는 종교적 욕망을 감상적 욕망이라고 몰아붙이며 칼뱅주의보다 더 단호하게 배제했다. 자본주의자들의 경우와 마찬가지로 공산주의자들의 경우 무엇보다 중요한 것은 유용한 생산, 즉 '경제'를 통한 인간의 완성이었다. 정치, 종교, 문화, 교육, 과학 등 상부구조를 결정하는 것은 물적 토대, 즉 경제였다.

> '단순한 사물로서의 인간'이 아니라 '절대적 존재로서의 인간'도
> 결국은 물질적 요구를 충족시킬 때 가능하다. 마르크스의 독창
> 성은 정신적 결과를 물질적 장애의 제거라는 방법을 통해 얻어
> 내려는 의지에 있다.(P178)

공산주의의 근본 토대는 경제의 세계, 즉 사물의 세계에
있다. 공산주의자들은 인간과 사물의 완전한 일치를 실현함
으로써, 쉽게 말해 인간을 경제성장의 효율적 도구로 만듦으
로써 최대의 성장을 꾀할 수 있고, 최대의 성장이 이루어졌을
때 인간의 해방, 인간의 완성이 가능하리라고 생각했다.

> 공산주의자들은 언제나 사물에 우선권을 부여한다. (중략) 그들
> 은 정신적 가치를 외면한 채 인간의 관심을 오직 구체적인 것에
> 만 한정하며, 쟁기는 밭을 갈고, 밭은 곡물을 생산하고, 곡물은
> 대장장이의 음식이 되고, 대장장이는 쟁기를 생산하고…… 하
> 는 식으로 우주를 상호 종속 관계에 있는 사물들의 체계로만 간
> 주한다.(P183)

빈곤을 탈피하려는 공산주의자들의 열정이 인간을 경제

에 종속시키는 결과를 낳았다. 노동 전사는 이런 유의 종속 관계를 받아들이고, 자신을 사물화, 즉 도구화하는 이른바 '인간 해방의 과업'을 수용하지 않으면 안 되었다. 그러나 바타이유는 해방을 손에 쥐는 것이 빵이나 망치를 손에 쥐는 것과 얼마나 다른지 공산주의자들이 미처 알지 못했다고 비판한다. 인간 해방이란 곧 경제적 유용성의 지배, 사물의 지배로부터의 해방이 아니고 무엇이겠는가. 바타이유는 인간의 사물화라는 면에서 자본주의와 공산주의를 구분하지 않았다. 다만 그가 인정한 것은 공산주의가 자본주의와 달리 사적 이익을 위해 인간을 사물화하지 않았다는 점뿐이다.

공산주의의 모순 : 성장과 분배

바타이유가 『저주의 몫』을 발표한 1949년 당시 자본주의는 도덕적 정당성을 상실한 채 공산주의의 상승세에 어떻게 대처해야 할지 몰랐다. 그 당시 바타이유는 소련이 공산주의가 아닌 모든 것에서 희망을 탈취해감으로써 세계가 더 큰 고뇌에 빠졌다고 보았다. 요컨대 바타이유에게 공산주의는 인류의 난제에 대한 해답이 전혀 아니었다. 그에 의하면, 공산주의는 지지자에게는 무한 희망이요, 반대자에게는 절대 공포였다. 물론 바타이유가 말하는 소련 공산주의는 마르크스의 공산주의가 아니라 스탈린의 공산주의였음을 잊지 말자.

소련 공산주의는 현재의 개별 국가 체제에 종지부를 찍을 제국, 즉 보편국가의 필요성을 강조했다. 통일 보편국가 체제 하에서는 이해(利害)를 다툴 계급도 국가도 없이 모두가 평화롭게 살 것이다. 능력에 따라 일하고 필요에 따라 (보수를) 받는 사회, 정녕 낙원과도 같은 통일 보편국가가 완성될 때까지 소련은 어쩔 수 없이 강고한 군대를 보유할 것이다. 1848년 『공산당 선언 *Manifeste du parti communiste*』에서 마르크스와 엥겔스는 공산주의라는 유령이 유럽을 배회하고 있다고 선언했지만, 백 년이 흐른 1949년 공산주의는 더 이상 유령이 아니라 하나의 국가이며, 군대였다. 바야흐로 공산주의는 축적과 정복을 통한 성장에 몸을 던지고 있었다.

여기서 축적이란 재화를 비생산적 소비가 아니라 성장을 위한 생산 수단의 마련에 이용하는 것을 뜻한다. 그런데 원래 노동운동은 축적과는 정히 대립적인 것이었다. 노동운동의 목적은 무엇보다 부의 재분배를 실현하는 데 있다. 노동운동의 성공은 필연적으로 피고용자의 임금 상승과 고용주의 축적 저하를 야기한다. 다시 말해 노동운동은 원칙적으로 재분배를 통해 부의 상당 부분을 비생산적 소비에 바치는 것을 의미한다. 그러므로 진보 정당은 항상 긴축보다는 이완을 지향하기 마련이다. 이렇게 볼 때, 소련 공산주의가 축적에 몰두하고 긴축을 지향한 것은 마르크스주의의 원래 목적과는 양립하기 힘든 것이었다.

사실 바타이유의 주장을 듣다보면 소비와 상실은 선이고, 축적과 성장은 악이라는 것이 부동의 명제처럼 다가오기도 한다. 그러나 모든 소비가 미덕이 아님은 말할 필요조차 없다. 러시아혁명이 발발한 1917년 이전 러시아제국의 귀족은 프랑스대혁명이 발발한 1789년 이전 프랑스 왕국의 귀족처럼 축적을 외면한 채 사치성 소비에 탐닉했다. 일반 국민은 빈곤의 나락에서 헤매고 있었는데도 말이다. 따라서 러시아 볼셰비키 혁명가들이 소비를 축소시키고, 산업 발달을 촉진시킨 것은 당연한 조치로 볼 수 있다.

소련 공산주의의 오류는 소비의 축소와 생산의 확대를 잠정적으로가 아니라 영속적으로 추구했다는 데 있다. 1917년 혁명 이전 황제 치하에서 잉여를 성장에 할애하지 못했기에 멸망할 뻔했던 러시아는 오직 생산력의 무한 증대만을 목적으로 삼았던 것이다. 지금까지 그 어떤 경제조직도 소련의 그것만큼 잉여를 생산 수단의 확충, 즉 체제의 성장에 투여한 적은 없었다. 소비의 축소와 생산의 확대는 당연히 프롤레타리아의 희생을 야기했다. 말하자면 프롤레타리아는 미래의 분배를 위해 현재의 소비를 희생할 수밖에 없었던 것이다. 인민의 삶을 위해 인민의 삶을 희생시킨 소련의 성장 체제는 1990년 전후 동구권의 대붕괴와 함께 역사의 뒤안길로 사라지고 말았다.

이상과 현실 사이의 엄청난 괴리에도 불구하고 소련 인민들이 최대의 생산성이라는 목표를 향해 질주할 수밖에 없었던 것은 스탈린의 공포정치 때문이었다. 그러나 모순과 공포가 지배했다고 해서 소련이 시도한 가난의 해결 노력 자체를 폄하해서는 안 될 것이다. 전체적으로 볼 때 러시아 민족의 경제 상황이 혁명 이전보다 나아진 것은 분명한 사실이었다. 그리고 무엇보다 바타이유가 『저주의 몫』을 쓸 당시의 공산주의 사회는 이런저런 모순에도 불구하고 자본주의 사회에 비해 월등히 우월한 도덕성을 공인받고 있었다. 그렇다면 바타이유가 자본주의 사회를 공산주의 사회보다 더 낫다고 판단한 것은 왜일까? 그것은 그의 눈에 자본주의 사회가 마침내 성장의 모순을 해결할 바람직한 방안을 찾아낸 것으로 보였기 때문이다.

지혜로운 소비를 찾아서

마셜 플랜 : 축적에서 소비로

여기서 상기해야 할 것은 바타이유의 논거가 1949년 『저주의 몫』을 쓸 당시의 역사적 상황에서 길어낸 것이라는 사실이다. 따라서 마셜 플랜(Marshall Plan, 1928~1952)이 성장의 모순에 대한 지혜로운 해결책이 될 수 있다는 바타이유의 시각은 오늘날 폭넓게 공유되고 있는 것이 전혀 아니라는 사실을 기억하지 않으면 안 된다.

바타이유가 가장 우려한 것은 미국과 소련의 전쟁, 즉 삼차세계대전이었다. 만일 공산주의가 전쟁으로 자본주의를 궤멸시킨다면, 산업혁명의 풍요는 온데간데없이 사라질 것이다. 설령 뉴욕과 런던이 악몽이요 증오의 대상이라고 하더라도, 과연 뉴욕과 런던이라는 이름이 상징하는 문명을 잿더미로 만드는 것을 공산주의의 과업이라고 부를 수 있을까? 그리고 미국에 의한 소련의 초토화 역시 필사적으로 막아야 할 일이었다. 수차례 강조했듯, 바타이유는 전쟁을 잉여의 비극적·파국적 해소 수단으로 보았다. 당시 미국은 역사상 유례를 찾아보기 힘들 정도의 막대한 잉여를 발생시키는 경제 체제를 갖고 있었다. 따라서 미국이 이 잉여를 적절히 해소하지 못할 경우, 전쟁은 불가피한 선택일 수밖에 없었다.

> 근본적으로 전쟁의 위험은 과잉 생산에서 온다. 수출이 불가능하다면, 그리고 과잉 생산이 다른 출구를 찾지 못한다면, 전쟁만이 팽창 산업의 유일한 고객으로 남는다. 미국 경제는 정확히 말해서 세계사에 없던 거대한 폭발물이다.(P214)

이차세계대전 이후 줄곧 미국 경제는 곧 세계 경제였다. 그리고 상상을 초월하는 과잉 잉여에는 늘 전쟁의 그림자가 드리워져 있었다. 미국이 전쟁 즉 군사적 행동을 통해 잉여의 확대재생산을 꾀할 것인가, 아니면 증여 즉 비군사적 행동을 통해 잉여를 지혜롭게 소비할 것인가? 아프간 전쟁과 이라크 전쟁이 보여주듯, 21세기 초의 미국은 전자를 택했고, 이차세계대전 직후의 미국은 후자를 택했던 것처럼 보인다. 바타이유가 보기에, 마셜 플랜은 유럽에 대한 미국의 무상 증여였다.

마셜 플랜은 1947년 미국의 국무부 장관 마셜이 마련한 유럽 경제 부흥 계획을 일컫는다. 그것은 미국이 서유럽 17개 국에 대해 무상 경제원조를 함으로써 서유럽 지역의 경제를 재건하고, 민주주의의 토대를 강화하는 것을 목표로 삼았다. 그러나 마셜 플랜은 서유럽의 공산화를 미연에 방지하고, 장기적으로는 미국의 시장을 확보하려는 전략의 산물이 아니었을까? 한마디로 마셜 플랜은 미국의 이익 추구 수단이 아니었을까? 기실 마셜 플랜은 그리 오래가지 않았다. 오늘날 우리는 마셜 플랜에 의한 경제원조가 냉전이 격화함에 따라 북대서양조약기구(NATO)에 대한 군사원조로 바뀌었음을 잘 알고 있다. 그렇지만 당시 바타이유의 눈에 마셜 플랜은 매우 바람직한 증여 행위로 보였다.

무상 경제원조에 기반을 둔 마셜 플랜은 고전경제학이 강조하는 이윤 추구의 원칙을 거스르는 경제 행위였다. 마셜 플랜은 미국 경제라는 개별경제의 이익이 아니라 국제 경제라는 전체경제의 이익을 고려한 투자였다. 왜냐하면 그렇게 하지 않을 경우 결과는 공멸이었기 때문이다. 이차세계대전 직후의 상황으로 볼 때, 피폐한 유럽은 혼자 힘으로는 수지 불균형으로 인한 과도한 결손을 메울 길이 없었다. 환언하면 유럽은 미국의 시장이 될 만한 여력이 없었다. 마셜 플랜은 미국이 세계의 이익을 위해 당장의 축적과 성장을 포기했음을 말해준다. 그렇지만 기억하자. 마셜 플랜이 겨냥한 세계의 이익은 궁극적으로 미국의 이익이었다. 『저주의 몫』에서 바타이유 자신도 마셜 플랜은 미국이 막다른 골목에서 선택한 자구책이었음을 강조하고 있다.

> 대부분의 사람들이 간파하지 못한 사실이 있다. 그것은 역설적이게도 소련의 위협이 없었다면 마셜 플랜도 없었을 것이라는 사실이다. 크렘린 궁의 외교는 미국의 금고 열쇠였다. 요컨대 세계의 동향을 결정한 것은 소련의 외교가 유지하는 긴장이었다. 어처구니없는 결론이라고 하겠지만, 소련의 긴장 정책이 없었다면, 자본주의 세계는 마비를 모면할 수 없었을 것이다.(P.226)

결론적으로 바타이유는 세계가 전쟁을 예방하기 위해서는 과도한 성장을 멈추고, 비생산적 소비의 필요성을 깨달아야 함을 역설했다. 이차세계대전 이후 세계는 성장에 제동이 걸려 출구 없는 잉여로 몸살을 앓았다. 혁명은 근본적인 해결책이 아니었다. 빈자와 부자가 서로 자리를 맞바꾼다고 해서 잉여의 문제가 해결되는 것은 아니지 않은가. 전쟁 또한 해결책이 될 수 없었다. 전쟁이 살육을 통해 빈자리를 마련함으로써 역설적으로 생존자들의 새로운 성장에 기여하곤 했다는 해석은 이차세계대전까지만 적용될 수 있다는 것이 바타이유의 생각이었다. 삼차세계대전, 그것은 곧 인류의 공멸을 뜻했다. 결론은 하나였다. 미국과 소련이 성장의 꿈, 즉 산업 발전이라는 강박관념을 버리는 것이 세계 평화를 보장하는 유일한 길이었다. 바타이유에게 그 가능성을 보여준 것이 바로 마셜 플랜이다.

무엇을, 어떻게 할 것인가 : 현대사회와 증여

마셜 플랜이 과연 바람직한 해결책인가?

『저주의 몫』에서 바타이유는 미국의 도덕성에 기대를 걸었다. 비록 소련의 현실적 위협이 미국으로 하여금 어쩔 수 없이 마셜 플랜을 택하게 한 것이 사실이라 할지라도, 미국이 잉여의 상당 부분을 세계인의 생활수준 향상에 바친 것은 찬양할 만한 일이다. 만일 미국이 마셜 플랜이라는 비군사적 목적에 과잉 에너지를 소비하지 않는다면, 과잉 에너지는 전쟁이라는 양상으로 폭발하리라는 것이 바타이유의 견해였다.[16]

『저주의 몫』에서 바타이유는 소련의 공산주의에 대해서는 별다른 기대를 하지 않았다. 그는 공산주의 혁명의 폭력성을 비난하는 카뮈의 논리를 지지했다. 『반항인 *L'Homme révolté*』(1951)에서 카뮈는 동시대의 혁명이 전쟁의 위험 없이 이루어질 수 없다고 단언했다. 더욱이 카뮈의 눈에는 인간이 사물이나 역사로 환원될 수 있음을 전제하는 스탈린주의 혁명은 그 환원을 거부하는 데 본질이 있는 진정한 혁명을 일탈하는 것으로 비쳤다. 바타이유에 의하면, 소련이 미국에 대해 유지하는 고도의 긴장이 미국으로 하여금 전쟁 외의 수단을 통해 문제를 해결하도록 유도했는데, 이것이 바로 소련 공산주의의 역사적 역할이었다.

미소(美蘇) 체제 논의와 관련한 바타이유의 약점은 미국의 도덕적 행동과 그 행동을 유도하는 소련의 긴장 조성의 효과만을 강조하고 있을 뿐, 미국의 비도덕적 행동이나 소련의 공포 체제 자체에 대해서는 거의 입을 다물고 있다는 데 있다. 세계가 냉전의 긴장을 끝없이 견뎌내면서 그 긴장이 강요하는 미국의 관용, 즉 무상 원조에 감사드려야 했던 상황이 과연 바람직한 상황일까? 이런 면에서 우리 눈에 정치사상가로서의 바타이유보다 인류학자로서의 바타이유가 훨씬 더 중요해 보인다.

『저주의 몫』의 결론은 무엇인가?

인간의 산업 발전은 언제나 모순을 낳는다. 처음에는 산업 발전이 잉여를 사용하지만, 나중에는 산업 발전이 잉여를 생산한다. 그리하여 사용하고도 남는 잉여가 성장을 불편하게 할 때가 반드시 온다. 이때 성장은 비생산적 소비에 의해 제어되지 않으면 안 된다. 다시 한 번 말하지만, 일반경제에서 가장 중요한 문제는 과잉 에너지를 어떻게 소비할 것인가이다.

에너지 자원의 증가는 성장이 한계에 이르기 전에는 인구의 증가를 초래한다. 19세기 유럽의 역사는 기술 발전에 의한 인구 증가의 생생한 예를 제공한다. 그런데 한 세기 후 성장이 한계에 부딪치자 인류는 역사상 가장 사치스런 비생산적 소비라고 할 수 있는 양차 세계대전을 치른다. 물론 이 비극적이며 사치스런 비생산적 소비 이후 인류는 다시 확보된 성장의 공간을 바탕으로 산업 발전에 몰두했고, 그에 따라 생활수준이 향상되었다. 그러나 매번 전쟁이라는 해결책에 기대야 할 것인가?

미국의 초과 자원이 핵폭탄에 버금가는 폭발의 위험을 갖고 있는 지금, 우리는 고대의 지혜를 되찾지 않으면 안 된다. 모스와 바타이유가 권하는 평화롭고 지혜로운 비생산적 소비, 그것은 바로 증여이다. 예를 들면 인도는 자원의 절대적 빈곤으로 신음하고 있고, 미국은 자원의 절대적 과잉으로 신음하고 있다. 말하자면 한쪽에는 성장의 필요성이 있고, 다른 한쪽에는 소비의 필요성이 있다. 해결책은 간단하다. 미국이 초과 자원을 인도에 증여하면, 세계는 전쟁 없이 균형 있게 발전할 수 있을 것이다.

해법은 간명한데 실현이 너무도 어렵다. 바타이유의 말대로 살아 있는 개체는 본능적으로 성장을 지향하기 마련이라면, 개체가 확대재생산을 위한 잉여의 축적에 부심하는 것은 자연스런 일이다. 이 본능을 제어하고, 증여 즉 도덕을 가능하게 하는 길은 인간이 인간에게 신이 되는 길밖에 없다. 그런데 불행히도 현대사회에서 인간은 인간에게 늑대가 되어 있다. 바타이유가 결론에서 도덕성의 회복을 강조할 때마다 그 강조가 공허하게 들리는 것은 바로 이런 까닭일 것이다. 인간이 인간에게 신이 되는 것, 아니 인간이 인간에게 인간이 되는 것은 언제일까?

소비, 기호, 차이 : 보드리야르의 『소비의 사회』

결론에 덧붙여 보드리야르의 '소비사회론'을 요약하는 것은 바타이유 이후 '소비의 경제학'이 어떻게 변화했는가를 보기 위해서이다. 『소비의 사회 La Société de consommation』(1970)에서 보드리야르는 바타이유의 사유의 연장과 단절을 동시에 추구했다. 연장은 한 가지 주장으로 압축된다. 일반경제를 움직이는 것은 생산이 아니라 소비이다. 단절은 두 가지 주장에서 확인된다. 첫째, 현대 산업사회는 성장 지향의 사회가 아니라 소비 지향의 사회이다. 둘째,

현대 소비사회는 고대 소비사회와 달리 매우 비관적인 전망을 불러일으킨다. 살펴보자.

　보드리야르는 사회 활동을 영위하는 인간의 기본 심리를 '소비'로 이해했다. 니체의 말대로 인간이 힘의 의지를 가지고 있다면, 그것은 무엇보다 힘을 쓰기 위해서, 즉 힘을 소비하기 위해서이다. 경제적 풍요를 누리는 서구 자본주의 사회에서 '생산의 영웅들'에 대한 찬가는 '소비의 영웅들'에 대한 찬가로 대체되었다. 창업자, 개척자, 대재벌의 이야기가 연예 스타, 스포츠 스타, 부유한 왕자의 이야기로 바뀐 것이다. 엄청난 소비 능력으로 세인들의 시선, 즉 권력을 모으는 후자는 현대의 '초인'이다. 이런 맥락에서 보드리야르는 현대 산업사회를 '소비의 사회'라고 불렀다.

　보드리야르 이론의 핵심은 현대인이 상품의 구입을 통해 '사물'이 아니라 '기호'를 소비한다는 데 있다. 보드리야르가 보기에 인간의 욕망은 무엇보다 '차이'에 대한 욕망이다.[17] 예를 들어 대중소비사회에서 자동차는 유용한 '도구' 이상으로 위세를 나타내는 '기호'로 쓰인다. 말하자면 사람들이 상품, 즉 기호를 구입하는 근원적 목적은 차별적 지위의 과시에 있다.[18] 이것이 바로 보드리야르의 '사회적 차이화 (différenciation sociale)'의 논리인데, 이는 부르디외의 '구별하기(distinction)'의 논리와 일맥상통한다. 소비자는 외제 자동차를 구입하고 와인 바에서 술을 마시는 행위가 자신의 자율적 판단에 의한 것이라고 생각하지만, 실상 행위를 결정하는 것은 특히 대중매체에 의해 조율되는 차이화 코드이다. 소비는 개인을 초월하는 곳에 있다.

이처럼 현대 산업사회에서 소비자는 주체성을 상실한 채 자신의 진정한 욕망으로부터 소외되어 있다. 더욱 비관적인 것은 현대 산업사회에서 소비자가 사회구조를 바꿀 가능성이 거의 없다는 사실이다. 왜냐하면 소비자란 본질적으로 고립된 개인이기 때문이다. 차이화 코드에 따라 소비가 집단적으로 이루어지는 것이 사실이라 하더라도, 이 집단적 소비가 집단적 연대를 불러일으키지는 못한다. 소비는 비혁명적이며 몰역사적인 것이다.

보드리야르는 소비 중심의 현대사회를 적실하게 통찰한 것으로 보인다. 그러나 그의 결정적 한계는 현대사회의 모순에 대한 해결책을 전혀 제시하지 못했다는 데 있다. 보드리야르의 대중소비사회에서 인간의 주체성은 환상이며, 오직 대중매체가 조작하는 기호의 발신과 수신이 있을 뿐이다. 결국 미국식 포스트모더니즘의 기수 역할을 하는 가운데 그는 정치적 보수주의에 빠져들었고, 이런 태도는 변화를 열망하는 젊은 지식인들을 실망시키기에 충분했다. 하지만 늘 고정관념과 기성 질서를 파괴하는 데 앞장섰던 지식인인 만큼, 그리고 여전히 왕성한 활동을 계속하는 지식인인 만큼 향후 그의 탐구를 지켜볼 일이다.

　끝으로 강조하고 싶은 것은 경제적 풍요가 사회적 모순을 해결할 수 없다는 사실이다. 미국은 경제적 풍요가 금세라도 민주주의를 완성할 것처럼 주장하지만, 본질적으로 경제적 풍요는 민주주의와 별 상관이 없다. 왜냐하면 풍요로운 사회에서는 소비가 활성화될 수밖에 없고, 소비가 활성화되는 사회에서는 필연적으로 차별이 활성화될 수밖에 없기 때문이다. 차별 없는 풍요 사회란 슬프게도 꿈일 뿐이다. 그리고 풍요 사회에서 차별을 최소화하는 길은 슬프게도 지혜로운 소비, 즉 증여뿐이다. 슬픔의 이유는 증여를 기대할 수 있을 만큼 현대인이 지혜로워 보이지 않는다는 데 있다.

3부

『에로티즘』
혹은 성의 인식

오늘 생일을 맞은 당신의 연인에게 이렇게 말해보라. "사랑하는 당신의 생일을 축하하기 위해 그리고 삼차세계대전을 막기 위해 내게는 좀 사치스런 이 목걸이를 샀소." 이 말을 듣고 보통사람들은 이게 웬 정신 나간 소리인가 하겠지만, 바타이유는 조용히 미소 지으며 고개를 끄덕일 것이다. 『저주의 몫』에서 바타이유는 왜 사치, 도박, 축제, 문학, 예술, 제의, 기념물 건축, 에로티즘 등과 같은 비생산적 소비가 인류의 생존을 위해 필요불가결한지 알려준다.

비생산적 소비 가운데 바타이유가 평생을 바쳐 탐구하고 즐겨 소설로 형상화한 것이 바로 에로티즘이다. 낮의 이성은 우리가 우리의 주인이라고 자신 있게 말하라지만, 밤의 광기는 그 말을 자신 있게 하게 하기는커녕 다음 날 아침 우리로 하여금 고개를 숙이게 만든다. 양치질을 하면서 간밤의 기이한 행동을 자책한 것이 어찌 한두 번일까. 1957년에 발표된 『에로티즘 L' Erotisme』은 인간의 성과 광기에 대한 바타이유의 사유를 집대성하고 있는 중요한 책이다. 독자로서는 『저주의 몫』을 총론으로, 『에로티즘』을 핵심 각론으로 읽어도 좋을 것이다.

성의 연구와 바타이유의 독창성

성과 성의 탐구의 부자유

도처에 성이 범람하고 있다. 청량리, 미아리 골목길뿐만이 아니다. 연극, 영화, TV, 만화, 광고, 소설 등 온갖 문화 매체를 통해 그것은 우리의 오감을 쉴 새 없이 자극하고 있다. 그리고 인터넷이라는 정보의 바다 혹은 정보의 쓰레기장은 바야흐로 에로티즘의 실크로드를 완성하는 중이다. 각종 포르노 사이트가 문을 활짝 열어 우리를 기다리고 있고, 시시각각 스팸메일을 통해 우리의 품속으로 뛰어들고 있다.

착각하지 말아야 할 것은 성의 범람과 성의 자유이다. 어디서나 야한 그림, 야한 장면을 볼 수 있다 해도 성은 여전히 드러내야 할 대상이 아니라 감추어야 할 대상인 것이다. 에로소설, 에로만화, 에로영화 등 성을 강조하는 분야는 대개 하위문화를 구성하고 있고, 어쩌면 스스로도 고급문화가 되기를 포기하고 있다. 게다가 성의 부자유는 당연히 성의 탐구의 부자유로 이어진다. 예를 들면 에로티즘을 주제로 한 박사 학위논문은 오늘날에도 극히 보기 힘들다. 성은 예나 지금이나 진지한 사유의 영역이 아니라 욕설과 음담패설과 관련한 해학의 영역에 속한다. 그렇다면 바타이유 이전에 성의 과학적 탐구는 전혀 없었던 것일까? 성에 대한 과학적 접근을 표방하는 연구가 나타난 것은 니체가 신의 죽음을 선언한 이후, 이를테면 서구 사회가 기독교로부터 다소 자유로워진 이후이다.

성의 연구자로서 일반인들의 뇌리에 가장 먼저 떠오르는 이는 아마도 프로이트와 킨제이(Alfred Charles Kinsey)일 것이다. 프로이트는 일찍이 인간을 성 본능과 죽음 본능이라는 두 개의 본능을 좇아 사는 동물로 간주하여 그의 정신분석학을 정립했다. '킨제이 보고서'로 유명한 킨제이는 성의 통계학을 마련했는데, 빈도수, 행위 방식, 나이, 직업, 계급 등의 관찰이야말로 성의 객관적 진실을 파악하게 해줄 거라는 게 그의 믿음이다. 프로이트와 킨제이에 의해 성의 내밀한 속성과 객관적 현상이 두루 규명되었다고 안심하고 있을 때, 바로 그때 '암흑의 작가' 조르주 바타이유가 등장한다. 주저(主著)

『에로티즘』을 통해 그는 프로이트의 정신분석학을 뒤흔들고, 킨제이의 통계학을 뒤엎는다.

바타이유는 성에 대한 정신분석학의 '과학적' 접근이 흔히 구체적 사실과는 거리가 먼 추상적 이론으로 귀결된다고 비난한다. 무의식에 떠오른 상징의 해석 작업이란 항상 애매성을 동반하기 마련이다. 이를테면 정신분석은 한 편의 소설을 탄생시킬 위험성이 상존하는 것이다. 그리고 바타이유는 설문 조사, 즉 응답자의 (필연적으로 왜곡될 수밖에 없는) 이야기에 의존하는 킨제이의 노력을 더욱 우스꽝스러운 것으로 일축한다. 키, 몸무게, 나이, 눈 색깔 등에 관한 연구가 진정 '인간이란 무엇인가'를 밝혀줄 수 없듯, 직업에 따른 주당 오르가즘의 빈도수의 비교 따위가 진정 '성이란 무엇인가'를 밝혀줄 수는 없다는 것이다. 그렇다면 바타이유는 성을 어떻게 탐구한 것일까?

바타이유와 에로티즘 연구

바타이유의 학문적 저술 중 제목부터 에로티즘이란 주제를 명시하는 것들로는 『에로티즘』『에로티즘의 역사』그리고『에로스의 눈물』이 있다. 『에로티즘』은 문자 그대로 '에로티즘이란 무엇인가'라는 문제, 즉 에로티즘의 공시태를 다양한 각도에서 집요하게 탐구하고 있다. 그런데 에로티즘의 통시태를 다루고 있을 것 같은 『에로티즘의 역사』는 기대와는 달리 에로티즘 체험의 총체적 묘사에 치중하고 있다. 에로티즘의 역사적 전개 과정을 알고 싶다면 오히려 『에로스의 눈물』을 읽는 것이 좋다. 아무튼 바타이유의 에로티즘론의 장점은 공시적 연구와 통시적 연구를 병행한다는 데 있다. 특히 선사시대부터 20세기에 이르기까지 성의 기원과 역사를 정리한 것은 순전히 바타이유의 공헌이다.

여기서 잠시 용어 번역의 문제를 생각해보자. 프랑스어 '에로티즘(érotisme)'은 영어 '에로티시즘(eroticism)'을 가리키는데, 우리나라에서는 '에로티시즘'이 성을 가리키는 하나의 외래어로 정착해 있다. 그렇다면 이 책에서는 왜 에로티시즘이란 용어를 채택하지 않은 것일까?

두 가지 이유가 있다. 첫째, 적어도 우리나라에서는 에로티시즘이란 용어가 다소 외설적인 뉘앙스와 더불어 사용되고 있지 않나 하는 의구심이 일었기 때문이다. 말하자면 에로티시즘이란 용어가 성이라는 현상을 객관적, 중립적, 학문적 차원에서 투명하게 가리킬 수 있을지 걱정스러웠다. 둘째, 조한경 교수가 바타이유의 책을 『에로티즘』[1]이라고 옮긴 이후 비록 불문학계라는 좁은 영역에서일망정 '에로티즘'이 하나의 용어로서 자리 잡아가고 있고, 무엇보다 학문적인 뉘앙스를 에로티시즘보다 더 풍요롭게 자아내고 있기 때문이다. 이

런 이유로 우리는 '에로티시즘'보다 '에로티즘'이라는 번역
을 선호했다.

바타이유는 생산이 아니라 소비가 문명사 해석의 열쇠이며,
특히 비생산적 소비 없이는 인류에게 행복과 평화가 불가능하
다고 생각했다. 이미 말했듯 비생산적 소비 가운데 바타이유가
가장 집요하게 탐구한 것이 에로티즘인데, 그는 에로티즘을 일
반적 성행위와 구분했다. 양자의 차이점은 무엇일까?

성행위는 인간에게만 고유한 것이 아니다. 알다시피 동물
의 세계에서도 언제나 성행위가 이루어진다. 그런데 암컷을
찾아 덮치는 수컷의 단순한 행동은 결코 에로티즘의 차원에
서 이루어지는 것이 아니다. 그것은 본능적 충동의 결과인즉,
이런 본능적 충동 행위에 무슨 목적의 인식이 있을 리 없다.
말하자면 동물은 이런 행위로부터 일정 기간이 지난 후 새로
운 생명이 태어난다는 사실을 모르고 있는 것이다. 심지어
20세기에 발견된 아마존이나 아프리카의 몇몇 원시 부족 역
시 이 사실을 모르고 있었다. 그들에게 아기의 탄생은 열 달
전의 성행위의 산물이 아니라 신의 선물이었다. 그렇지만 원
시생활을 벗어난 인간은 아기의 탄생, 즉 생식(生殖)을 위한
성행위와 쾌락을 위한 성행위를 구분할 줄 알았다. 바타이유
가 말하는 에로티즘이란 바로 후자를 일컫는다. 요컨대 인간

은 에로티즘을 추구하는 유일한 동물이다. 다시 말해 발정기만이 아니라 시도 때도 없이 성행위를 추구하는 것은 오직 인간뿐이다.

흔히 사람들은 바타이유의 저술이 난해하고 복잡하다고 불평한다. 그릇된 불평은 아니지만, 그래도 과장은 금물이다. 복잡다단하기로 정평이 나 있는 바타이유의 저술 세계에도 전체를 관통하는 일관된 흐름이 있다. 에로티즘이 바로 그것인데, 에로티즘의 진실을 알면 창작이든 이론이든 적어도 바타이유의 저술이 읽히지 않는 일은 없을 것이다. 기실 바타이유가 생전에 프랑스 지식인 사회의 외톨이가 된 것도, 사후에 프랑스 지식인 사회의 선구자가 된 것도 모두 에로티즘에 대한 그의 집요한 연구 때문일 것이다. 이 장의 목적은 바타이유 스캔들, 또는 바타이유 신드롬의 핵을 이루는 에로티즘을 집중 조명하는 데 있다. 먼저 에로티즘의 통시태 즉 에로티즘의 기원과 역사를 정리하고, 그 다음 에로티즘의 공시태 즉 에로티즘이란 무엇인가를 여러 주제에 비추어 해명해보자.

에로티즘의 기원과 역사

에로티즘의 기원 혹은 인간 인식의 발전 과정

선사시대 : 라스코 혹은 에로티즘의 탄생

　바타이유로 하여금 에로티즘 연구에 몰입하도록 자극한 것은 1940년에 발견된 라스코 동굴벽화이다. 라스코 동굴은 1940년 9월 12일 네 명의 동네 아이들에 의해 처음 발견되었다. 동네 아이들 넷이 인근 산속에서 놀던 중 데리고 간 개가 갑자기 수풀 사이로 사라졌다. 아이들이 다가가니 수풀 너머로 깊은 동굴이 보였고, 그 안에서 개 짖는 소리가 들렸다. 수풀을 헤치고 동굴로 내려갔을 때, 아이들은 동굴 안의 풍경을 보고 혼비백산해서 뛰쳐나왔다. 이만 년 만에 처음으로 흐릿

한 빛을 받은 동굴…… 그 내벽 여기저기 뛰어다니고 있던 실물 크기의 기이한 동물들…….

어쩌면 라스코 동굴이 하필 개 한 마리와 아이들 넷을 첫 손님으로 초대한 것은 이만 년 전 라스코 고대인들의 영혼의 뜻이 아닐까? 다시 말해 문명과 계산에 물든 어른들의 시선에 그들의 비의의 장소, 즉 내면세계를 처음으로 드러낼 수는 없었던 것이 아닐까? 바타이유는 라스코 동굴벽화를 보고 1955년 『라스코 혹은 예술의 탄생』이라는 멋진 책을 썼다. 그에 의하면, 라스코 고대인들의 그림은 오늘날 그 어떤 걸작에 견주어도 전혀 뒤떨어지지 않는 예술성을 보여주고 있다. 라스코 동굴의 수백 점의 그림 중 바타이유에게 가장 큰 충격을 준 것은 동굴 맨 안쪽, 수천수만 년 동안 인류에게 접근이 허용되지 않았던 금지 구역, 선사학자들이 '우물'이라 이름 붙인 그 비밀스런 공간에 숨겨진 기이한 그림이다.

라스코 동굴의 '우물' 벽화. 사실적인 다른 그림과 달리 그리다 만 낙서 같은 이 그림에서 바타이유는 성과 죽음과 종교의 일치를 보았다.

성기를 곧추세운 채 무너져가는 새의 얼굴을 한 남자의 이미지. 이 남자는 상처 입은 들소 앞에 누워 있다. 들소는 곧 죽을 듯한데, 그 남자 앞에서 끔찍하게도 내장을 쏟아내고 있다. 이 기상천외의 모호한 이미지는 그 시대의 아무것도 그에 필적할 수 없는 감동적인 장면을 연출하고 있다.[2]

에로틱한 열정을 드러낸 선사시대 그림 가운데 남성의 발기된 성기, 여성의 젖가슴과 삼각주 등을 발견하기란 어렵지 않다. 하지만 선사시대 그림의 일반적 양상과 비교할 때 라스코 동굴의 '우물' 그림은 그야말로 독보적인데, 왜냐하면 선사시대의 그 어느 그림도 내장이 터진 들소, 새의 머리에 발기된 성기를 가진 인간과 같은 희한한 장면을 연출하고 있지 않기 때문이다. 『에로스의 눈물』에서 라스코 동굴의 '우물' 그림은 세 번 묘사되는데, 마지막 세 번째 묘사 역시 해명은커녕 수수께끼를 더욱 증폭시키고 있다.

죽은 것처럼 보이는 남자는 육중한 동물—움직이지는 않지만 대단히 위협적인—앞에 쓰러져 누워 있다. 이 동물은 들소인데, 거기서 풍겨 나오는 위협적 분위기는 들소가 죽어가고 있는 만큼 더욱더 강하다. 들소는 상처를 입었고, 들소의 터진 배에서 내장이 흘러나오고 있다. 죽어가는 그 동물을 창으로 찌른 것은 분명 이 누워 있는 남자인 듯하다……. 그러나 이 남자는 완전한 인간의 모습을 하고 있지 않다. 새의 얼굴인 그의 얼굴에는 커다란 부리가 솟아 있다. 그리고 전체 그림 중 아무것도 이 남자가 발기된 성기를 가지고 있다는 그 역설적인 사실을 설명해 주지 못하고 있다.[3]

라스코 동굴벽화의 들소나 사슴은 모두 금세라도 벽에서 뛰쳐나올 듯 리얼하다.[4] 그러나 이 '우물' 그림만큼은 매우 관념적인 양상을 띠고 있다. 특히 새의 얼굴을 한 남자의 그림은 아이들의 낙서를 연상시키는 필법으로 그려져 있는데, 이런 단순한 필법이 '우물' 그림의 난해성을 더욱 가중시키고 있다.

발견 이후 '우물' 그림은 일반적으로 이듬해 더 많은 동물을 사냥하게 해달라는 샤먼의 풍요제를 표현한 것으로 해석되었다. 그렇지만 바타이유의 등장으로 통설(通說)은 이설(異說)이 된다. 『에로티즘』을 통해 바타이유는 종래의 주술적·공리적 해석을 단순하고 빈약한 것으로 물리치면서 이 그림의 종교적·유희적 성격을 강조한다. 이 그림의 주제는 바로 동물 살해라는 금기의 위반에 대한 속죄 의식인즉, 그림 속의 남자는 자신의 죽음으로 들소의 살해를 속죄하고 있다. 그렇다면 그는 왜 죽어가는 들소 앞에서 성기를 곧추세우고 있는가?

바타이유의 종교적·유희적 해석은 이 질문에 답할 수 없었다. 대답을 찾기 위해 바타이유는 사 년을 더 공부해야 했다. 죽기 일 년 전에 발표한 『에로스의 눈물』(1961)에서 바타이유는 '우물' 그림이 '성과 죽음과 종교의 일치'를 표현하는 것으로 해석했다. 이런 의미에서 '에로스의 눈물'이라는 제목은 '라스코 혹은 에로티즘의 탄생'이 되어도 좋았을 것이다. 에로티즘의 탄생, 즉 에로티즘의 기원과 관련한 바타이유의 사 년의 공부를 요약해보자.

노동의 인식

에로티즘의 공시태와 통시태를 두루 파악하고자 하는 바타이유가 비상한 관심을 가지고 탐구한 것은 바로 에로티즘 역사의 초기 단계이다. 그가 보기에 본능적 성행위가 에로티즘을 위한 성행위로 바뀐 과정, 즉 에로티즘의 탄생 과정만이 문제의 본질을 내포하고 있다. 에로티즘이 탄생한 최초의 조건들을 밝히고자 할 때, 최우선적인 고려의 대상은 (바타이유가 인간 존재의 근본으로 제시하고 있는) '노동'이다.

선사시대가 우리에게 남긴 가장 풍부한 자료는 돌연장[石器]인데, 돌연장은 인간이 생산성의 증대를 '목적'으로 노동을 했다는 사실을 증명한다. '호모 파베르'(Homo faber, 노동하는 인간)는 노동을 통해 연장을 발전시켰고, 연장을 통해 노동을 발전시켰다. 여기서 중요한 것은 인간이 목적을 인식한 채 물질을 가공했다는 사실이다. 예를 들면 나무를 더 잘 쪼개기 위한 목적으로 돌멩이를 가공해서 '주먹도끼'를 만든 것이다. 요컨대 목적에 맞춰 제작한 최초의 돌연장은 바로 인간이 행한 최초의 '추론'의 결실이었다. 그런데 인간이 추론을 통해 변화시킨 것은 돌만이 아니다. 더욱 중요한 변화는 다름 아닌 인간 자신의 변화였다. 환언하면 연장의 제작과 관련한 목적의 인식은 이후 인간이 행한 모든 인식의 바탕이 되었다.

백만 년 전 이처럼 노동을 통해 인식 능력, 즉 이성을 획득함으로써 바야흐로 하나의 동물로부터 하나의 인간이 탄생했다. 하지만 동물이 진정 오늘날의 우리와 같은 인간이 되기 위해서는 이것으로 충분치 않았다. 바타이유에 따르면, 인간이 동물성으로부터 완전히 벗어난 것은 에로티즘의 인식과 시대를 같이한다. 오늘날의 우리와 같은 인간, 즉 호모 사피엔스(Homo sapiens, 지적 인간)는 약 삼만 년 전에 등장했는데, 이 호모 사피엔스가 남긴 그림들이 에로티즘의 탄생을 알려주고 있다. (라스코 고대인들은 당연히 호모 사피엔스에 속한다.) 그런데 호모 사피엔스가 에로티즘을 인식하기 위해서는 그 전에 반드시 선취해야 할 인식의 대상이 있었다. 그것은 바로 죽음이다.

죽음의 인식

인간이 죽음을 인식한 것은 약 십만 년 전 네안데르탈인 (Homme de Néanderthal)의 시대인 것으로 보인다. 그 증거는 무덤이다. 동물들은 언젠가 자기 자신에게 죽음이 닥칠 것이란 사실을 모르고 있다. 환언하면 동물들은 자연사를 인식하지 못하고 있다. 오직 인간만이 십만 년 전에 죽음을 인식했다. 죽음에 대한 공포와 경외감이 '살해의 금지'와 '먹기, 해치기, 보기를 포함한 시체와의 접촉 금지'를 유발했고, 그 결과 무덤이 만들어진 것이다.

『시지프의 신화 *Le Mythe de Sisyphe*』에서 카뮈는 진실로 심각한 철학적 문제는 오직 한 가지, 즉 사느냐 죽느냐의 문제뿐이라고 했다. 왜 삶인가? 왜 죽음인가? 부조리(absurdité)의 감정은 바로 이 질문들에 대답이 없다는 사실에서 비롯한다. 일찍이 라스코 고대인들에게도 죽음은 하나의 고통스런 강박관념으로 작용했다. 그런데 라스코 고대인들의 선진성은 죽음을 성과 결부시켰다는 데 있다. 다시 '우물' 그림의 질문으로 돌아가 보자. 죽어가는 들소 앞에 쓰러진 남자는 왜 성기를 곧추세우고 있는가?

바타이유는 우물 그림에서 폭력을 매개로 한 성과 죽음의 불가분의 관계를 본다. 폭력은 인간에게 공포로만 다가오는 것이 아니다. 그것은 때로 지극한 유혹으로 다가온다. 굳이 병적인 사디즘과 마조히즘까지 논하지 말자. 일상생활에서 예를 들어보자. 복싱, 태권도, 유도, 레슬링, 축구 등 대결을 전제로 하는 스포츠란 무엇일까? 그것은 규칙으로 순화하고 절제시킨 폭력의 놀이와 다름없다. 월드컵 축구에서 골을 넣은 선수의 격한 세레모니와 상대방을 케이오시킨 복싱 선수의 격한 세레모니 사이에 무슨 차이가 있을까? 그리고 월드컵 축구에서 골을 성공시킨 선수 혹은 열광하는 관중의 정서 상태가 농염한 사랑에서 오르가즘을 성공시킨 연인의 정서 상태와 어떻게 다를까? 말을 바꾸면, 폭력은 거부하고 싶은 공포와 거부할 수 없는 유혹을 동시에 불러일으킨다. 죽음의 경우를 보자.

죽음의 외연이 무엇보다 공포로 둘러싸여 있다는 것은 특별한 연구를 필요로 하지 않는다. 바타이유에게 죽음만큼 몰상식한 폭력은 없다. 그것은 정말 예기치 않게, 정말 몰상식하게, 어느 날 느닷없이 우리에게 다가와 삶의 규칙적 흐름, 삶의 습관적 흐름을 끊어놓는다. 말하자면 우리를 완전히 전복시킨다. 바타이유는 고대인들에게도 '악마적' 영역이 있었다면 그것은 무덤 저 너머 사후의 세계일 것이라고 자신 있게 말한다. 죽음은 인간에게 공포 그 자체이다.

죽음이 관능을 함축하고 있다는 것은 비단 바타이유의 주장만이 아니다. 우선 그것은 대중의 무의식 속에서도 쉽게 확인할 수 있다. 소위 '죽여준다'는 표현은 '이보다 더 좋을 순 없다'는 표현과 매한가지이다. 또한 성적 흥분의 절정에서 보이는 '죽여달라'는 표현 역시 동일선상에서 해석되어야 할 것이다. 그리고 살해의 폭력을 엿보고 싶은 인간의 음험하고도 간절한 욕망이 없었다면, 필사의 격투기가 이루어진 고대 로마의 콜로세움, 예수가 십자가에 못 박힌 골고다 언덕, 고대 아즈텍인들이 태양신에게 인간의 심장을 바친 테노치티틀란(Tenochtitlan), 프랑스 죄수의 공개 처형이 이루어진 그레브 광장(Place de Grève) 등이 어떻게 존재할 수 있었을까?

죽음의 관능성을 가장 잘 입증한 사람은 인간 본능을 생명 본능과 죽음 본능으로 대별하여 거기에 사랑의 신 에로스(Eros)와 죽음의 신 타나토스(Thanatos)의 이름을 붙인 프로이트일 것이다. 죽음 본능은 간단히 말해 유기물이 자신의 내적 긴장을 소멸시키고 자신의 원상태, 즉 무기물 상태, 즉 죽음의 상태로 되돌아가려는 본능이다. 프로이트의 '쾌락 원칙'에 따르면, 불쾌는 긴장의 생성으로부터 발생하고 쾌는 긴장의 소멸로부터 발생한다. 그렇다면 긴장의 소멸의 정점, 즉 쾌의 정점, 그것은 바로 죽음이 아니고 무엇일까?

들소를 살해하는 '새-인간'의 성기가 곧추세워진 것은 곧 폭력의 관능적 성격을 말해준다. 살해의 폭력은 새의 얼굴[5]을 한 남자의 성기를 발기시킬 뿐만 아니라 그를 지극한 관능 속으로 무너지게 만든다. 보들레르를 비롯해 실로 얼마나 많은 예술가들이 에로티즘과 죽음의 일치를 그렸던가.『에로티즘』『에로티즘의 역사』『시체』『눈 이야기』『하늘의 푸른빛』 등 바타이유의 글은 모두 이 일치의 우화라고 해도 과언이 아닐 것이다. 우물 그림이 제시하는 수수께끼의 해답은 바로 폭력을 매개로 한 성과 죽음의 결탁에 있다.

바타이유는 인간 인식의 발전 단계에 비추어 죽음의 인식이 에로티즘의 인식의 전제 조건이라고 주장한다.

> 동물, 심지어 가끔 관능이 극도로 고조되는 원숭이조차 에로티즘을 인식하지 못하고 있다는 것은 분명한 사실이다. 그들이 에로티즘을 모르고 있는 것은 바로 그들에게 죽음의 인식이 없기 때문이다. 반대로 우리가 극단적 차원의 에로티즘, 필사적 차원의 에로티즘을 인식하는 것은 우리가 인간이기 때문이며, 우리가 죽음의 암울한 전망 속에서 살고 있기 때문이다.[6]

그렇다면 바야흐로 죽음을 인식한 인간은 어떻게 에로티즘을 인식하게 되었을까? 그리고 후기 구석기시대 인간 사회에서 이 에로티즘은 어떤 위상을 가졌을까? 말하자면 에로티즘의 원형은 어떤 것이었을까?

에로티즘의 인식

이미 강조했듯, 바타이유가 말하는 인간의 에로티즘은 본능적 충동에 따른 동물의 교미 행위와는 다르다. 동물의 교미 행위에는 의식적 '목적'이 없다. 그것은 발정기가 불러일으키는 폭발적 본능의 반영일 뿐이다. 그러나 노동을 통해 목적 인식 능력을 갖춘 인간의 경우 사정이 완전히 달라진다.

이성적 추론 능력을 갖춘 인간은 성행위라는 본능적 충동이 지니는 비상한 의미를 금세 파악하고, 거기에다 하나의 목적을 부여했다. 애초에 인간도 동물처럼 성행위와 생명의 탄생 사이의 필연적 관계를 몰랐던 이상, 출산은 의식적 목적이 될 수 없었다. 바타이유가 보기에 목적을 의식한 최초의 인간들의 경우 그 목적은 아기의 탄생이 아니라 '쾌감', 즉각적 쾌감이었다. 인간의 에로티즘이 동물의 교미 행위와 구별되는 것은 바로 이 쾌감이라는 목적을 의식적으로 추구하기 때문이다. 그리고 쾌감이 목적인 이상, 인간은 오직 생식을 위한 발정기 때에만 성적 결합을 시도하는 동물과 달리 시도 때도 없이 성적 결합을 시도하게 되었다.

지금까지 설명한 인간 인식의 발전 과정을 도표로 요약하면 다음과 같다.

인식의 대상	인간 유형	시기	증거
노동	노동하는 인간 homo faber	100만 년 전	연장
죽음	네안데르탈인 Homme de Néanderthal	10만 년 전	무덤
에로티즘	지적 인간 Homo sapiens	2~3만 년 전	발기된 남성의 성기를 그린 동굴벽화

나중에 상론하겠지만, 노동을 인식한 이후 인간은 거기에 지고한 가치를 부여했다. 몽상하는 자는 나태한 자라는 식의 시인에 대한 사회의 인식도 노동의 지상권과 무관하지 않을 것이다. 사실인즉 노동 혹은 노동의 결과인 부의 추구는 인간적 삶, 즉 문명을 보장하는 하나의 수단일 뿐이다. 그럼에도 인간은 이 수단을 목적으로 삼아 어처구니없는 일을 서슴없이 저지르고 있다. 에로티즘은 시, 예술, 종교 등과 마찬가지로 수단이 아니라 절대적 목적이요, 조건 없는 욕망이다. 원칙적으로 아기의 탄생을 목적으로 하는 성행위는 하나의 수단이라고 할 수 있다. 아기의 탄생, 즉 생식이라는 자연 본래의 목적과 무관하게 성에 탐닉하는 것이 에로티즘이며, 이런 에로티즘을 추구하는 유일한 동물이 인간이다.

바타이유는 호모 사피엔스가 그린 라스코 동굴벽화를 보고 두 가지 면에서 충격을 받았다. 하나는 대다수 그림들의 회화적 수준이 우리 시대의 명작의 수준에 버금간다는 사실이고[7], 다른 하나는 '우물' 그림이 명백히 에로틱한 양상을 그리고 있다는 사실이다. 거듭 말하지만, 라스코 동굴벽화는 바타이유에게 '예술의 탄생'과 '에로티즘의 탄생'을 두루 알렸다. 그렇다면 초기 에로티즘의 위상은 어떤 것이었을까?

선사시대 사람들이 우리에게 남긴 그림이나 조각에서 목격되는 열정이 대개 에로티즘이라는 것은 이미 말한 바 있다. 발기된 성기를 보여주는 남성의 형상들과 젖가슴이나 삼각주를 강조한 여성의 형상들을 통해 그들은 에로틱한 욕망을 분명하게 표현했다. 심지어 로셀(Laussel) 바위 부조(浮彫)에는 성적 결합에 몰두하고 있는 두 남녀가 등장하기조차 한다.[8] 말하자면 선사시대 사람들은 에로티즘을 각별히 주목했

남녀의 성적 결합을 표현한 로셀 바위 부조.

고, 에로티즘에 특별히 탐닉한 것으로 보인다. 금기가 없는 천국, 이것이 바로 그 시대의 성의 위상이 아닐까? 그리고 만일 라스코 고대인들이 위대하다면, 그것은 그들이 이 천국에 드리워진 어두운 그늘을 인식했다는 사실이 아닐까?

바타이유의 해석에 따르면, 라스코

동굴벽화는 초기 에로티즘의 천국적 양상에 덧보태진 비극성을 보여준다. 성과 죽음을 동시에 그린 라스코 고대인들은 에로티즘이 필연적으로 폭력과 죽음에 연관된다는 사실을 인식했음에 틀림없다. 바타이유가 라스코 동굴의 에로티즘을 종교에 연결시키는 것은 이 지점에서이다.

종교가 우리를 사로잡는다면, 그것은 우리에게 죽음이 있기 때문일 것이다. 종교는 죽음을 건 내기이다. 사실 죽음 저편에는 우리가 상상할 수 없는 불가사의가 존재할지도 모른다. 우리를 끝없이 유혹하는 저 너머의 세계를 한순간이나마 엿볼 수 있다면 무엇이 아까울까? 만일 죽지 않으면서도 욕망의 끝까지 가는 길이 있다면⋯⋯ 말하자면 죽음 저편으로 넘어가면서도 죽지 않는 길이 있다면⋯⋯. 에로티즘이 바로 그 길이다, 한계가 있을지언정 말이다. 프랑스 사람들이 흔히 성행위의 마지막 국면, 즉 오르가즘의 순간을 "작은 죽음(petite mort)"이라고 부른 것은 결코 과장이 아니었다.[9] 에로티즘은 '작은 죽음' 즉 언젠가 다가올 진짜 죽음의 연습이요, 맛보기이다. 그러므로 유사 이래 에로티즘을 신앙의 완성으로 간주하는 종교가 끝없이 등장한 것은 하등 놀라운 일이 아니다. 결론적으로, 바타이유는 '우물' 그림에서 성과 죽음과 종교의 일치를 보았다.

현대인은 노동과 부(富)라는 수단을 목적으로 삼으면서

에로티즘을 영원한 저주의 영역으로 내몰았다. 바타이유에 의하면 후기 구석기시대의 인간은 진정 에로티즘이란 무엇인가를 알았고, 거기에 정당한 자리매김을 할 줄 알았다. 그 행복한 탄생 이후 에로티즘은 어떤 시간의 켜를 거쳐 왔을까?

에로티즘의 역사

금기와 위반 : 동물성, 인간성, 신성

바타이유는 디오니소스교와 기독교의 대립을 중심으로 에로티즘의 역사를 기술해나간다. 이때 열쇠가 되는 개념은 금기와 위반이다. 특히 디오니소스교는 위반이 가능하게 하는 신성의 체험에 근거해 있다. 이런 맥락에서 볼 때 금기, 위반, 신성이 맺는 관계의 해명은 바타이유가 말하는 에로티즘의 역사를 이해하기 위한 발판임에 틀림없다.

바타이유는 프랑스 인류학자 마르셀 모스와 로제 카이유아(Roger Caillois)를 젖줄로 삼아 금기와 위반의 개념을 설명한다. 그에 따르면, 인간은 노동과 더불어 금기에 의해 동물과 구분된다. 금기를 설정하고 거기에 신성을 부여하는 것은 오직 인간뿐이다. 그렇다면 '금기'란 무엇인가? 카이유아는 뒤르켐을 인용하면서 금기라는 용어를 풀이한다.

폴리네시아에서 '터부(tabou)'라고 불리는 금기는 "한편 초자연적인 특성을 갖고 있다고 여겨지는 사물들, 다른 한편 초자연적인 특성을 갖고 있지 않거나 설령 갖고 있다 하더라도 동일한 정도로 갖고 있지 않다고 여겨지는 사물들, 이 두 부류의 사물 사이의 모든 접촉을 막음으로써 마술적 전염이 초래하는 위험한 결과를 예방하고자 하는 일련의 의식적인 금지 조항"을 일컫는다.[10]

앞서 에로티즘은 죽음이라는 절대적 한계를 간발의 순간이나마 넘을 수 있게 해주는 까닭에 신성의 영역에 자리 잡게 되었음을 밝혔다. 그런데 그것이 금기로 설정되면서 에로티즘은 더욱 신성시되었다. 어떤 행위가 금기가 된 순간, 그 행위는 징벌의 공포와 더불어 그 이전에 지니지 않았던 신성한 종교적 후광에 휩싸이게 된다. 가령 동네 원로들이 강력한 처벌을 전제로 성황당 뒷산 입산을 금지시켰다고 하자. 시간의 흐름과 함께 성황당 뒷산에는 예전에 없던 성스러운 기운이 감돌게 마련이며, 어쩌다가 성황당 뒷산을 걷게 된 동네 청년은 목격자가 없음에도 불구하고 으스스한 기운을 느끼게 마련이다.

만일 어떤 행위가 강력한 금기의 대상이라면, 그것은 이전에 그 행위가 강렬한 욕망의 대상이었다는 것을 반증한다.

'간음하지 말라'는 금기는 그 이전에 간음에 대한 간절한 욕
망이 있었다는 것을 반증한다. '살인하지 말라'도 마찬가지
이다. 인간에게 폭력을 휘두르고 싶은 뿌리 깊은 욕망이 없었
다면, 왜 이런 금기가 생겨났을까?

그렇다면 금기의 대상이 된 순간, 그 행위는 더 이상 욕망
을 불러일으키지 않는 것일까? 사드의 의견을 들어보자.

> 방종자의 욕망에 불을 지르고, 그 욕망을 다양하게 하려면, 그
> 것을 제한하는 것보다 더 좋은 방법은 없다.(E52)[11]

금기는 항용 공포와 동시에 지극한 욕망을 불러일으킨다.
만일 독자들이 '에로티즘이란 무엇인가'라는 제목에 뜻 모
를 관심 혹은 뜻 깊은 관심을 가졌다면, 그것은 바로 에로티
즘 혹은 에로티즘 논의가 금기이기 때문일 것이다. 금기는 욕
망의 불길에 찬물을 끼얹기는커녕 기름을 붓는다. 창세기의
금단의 과일도 고등학교 시절의 복장 검사도 금기와 위반을
둘러싼 동일한 욕망의 메커니즘을 보여주는 것이 아닐까. 금
기가 아니었다면 왜 이브가 에덴동산의 하고많은 과일 중에
그 과일을 땄겠으며, 왜 학생들이 머리카락 몇 센티미터에 목
숨을 걸다시피 했겠는가.

인간이 금기의 대상으로 삼은 것은 대개 동물적 자유이며,

그것은 주로 성과 죽음에 관련된다. 알몸을 보이지 않기, 근친상간의 금지, 시체와의 접촉 금지 등은 모두 동물성으로부터 멀어지려는 의지, 뒤집어 말해 인간성을 구현하고자 하는 의지의 산물이다. 이런 면에서 창세기의 금단의 과일 역시 인간의 동물적 본능을 가리키는 것으로 볼 수 있으리라. 사실 신성한 종교가 낙원으로 그리고 있는 것이 결국 동물적 자유가 아니고 무엇일까? 맘껏 먹고, 마시고, 즐길 수 있는 곳, 거기가 바로 낙원이 아니던가?

이렇게 말할 수 있을 것이다. 위반은 결국 동물성에의 회귀인데, 이 동물성은 원래의 본능적 동물성이 아니라 금기를 통해 신성화한 동물성이다. 그러므로 바타이유에게 위반은 곧 신성에의 돌입을 의미한다. 물론 위반은 인간에게 징벌 혹은 적어도 죄의식을 야기하지만, 그것은 또한 인간에게 관능을 주며 자연으로 돌아가게 한다. 금기가 인간에게 공포와 충동을 동시에 불러일으키는 것은 바로 이런 이유에서이다.

인간의 욕망은 근본적으로 모순과 역설에 휩싸여 있다. 금기와 위반도 일견 서로를 물리치는 듯 보이지만, 실은 서로를 필요로 한다. 범법 행위가 법의 존재 이유이듯, 위반은 금기의 존재 이유이다. 가령 아무도 위반하지 않는 금기라면, 그것은 이미 금기가 아니다. 위반 또한 금기의 완전한 제거를 목표로 하는 것이 아니다. 위반은 언제나 일정한 한계 속에서, 주체의 기쁨을 위해, 금기를 "한 번 들쑤시는 행위"이다.(E38) 이를테면 금기는 위반의 기쁨을 위한 전제 조건이며, 따라서 금기가 없다면 위반의 관능도 없다. 이처럼 일견 배제의 관계처럼 보이는 금기와 위반은 실은 심장의 수축과 이완처럼 분리할 수 없는 하나의 짝으로서 사회생활의 바탕을 이루고 있다.

거듭 말하지만, 금기라는 저주에 의해 거부된 자연은 위반이라는 반항에 의해서만 접근이 가능하다. 세계 도처에서 볼 수 있는 종교적 축제는 본질적으로 신성화한 동물성, 신성화한 본능을 공식적으로 체험하는 위반의 시간이다. 인류의 역사시대의 시작인 고대 그리스·로마 시대[12]에도 당연히 종교적 축제가 있었는데, 디오니소스제(祭)가 그것이다.

고대 그리스·로마 사회 : 디오니소스 제의와 위반의 축제

그리스·로마 시대에도 선사시대와 마찬가지로 에로티즘과 죽음과 종교는 여전히 긴밀한 일치를 유지한다. 그리스·로마 신화가 시사하듯, 고대사회에서 에로티즘의 문제는 오늘날과 달리 본질적 중요성을 지니고 있었다. 이 시대의 에로티즘은 디오니소스를 신으로 모시며 통음난무를 주요 내용으로 하는 디오니소스제를 중심으로 전개되었는데, 디오니소스는 알다시피 술의 신, 축제의 신, 위반의 신, 광기의 신이다. 세속의 시간이 금기의 시간이라면, 축제의 시간은 위반의 시간이다. 축제가 우리를 설레게 하는 것은 그것이 세속을 잠시 일탈하게 해주기 때문이다. 성과 폭력이 난무하는 디오니소스제는 한마디로 동물적 광기가 가능하게 하는 신성의 체험 시간이었다.

금기는 금기의 대상을 신성하게 한다. 그러므로 신성이 무엇인지 알기 위해서는 금기 저 너머로 가지 않으면 안 된다. 다시 말해 신성의 인식은 반드시 위반을 필요로 한다. "종교는 아마도, 종교는 심지어 전복을 토대로 하고 있다. 종교는 율법의 준수를 외면한다. 종교가 요구하는 것, 그것은 과잉이요, 희생이요, 축제인데, 그 절정에는 황홀경이 있다."[13] 물론 이 황홀경은 고뇌와 죄의식을 동반한다.

디오니소스제에서 허용되는 동물적 과잉이 어느 정도였느냐 하면, 축제가 절정에 이르렀을 때 몰아의 경지에 빠진 무녀(巫女)들이 어린 자식 혹은 어린 자식이 없는 경우 새끼 염소를 물어뜯어 삼키곤 했다. 그들이 이런 광기 어린 행동에 도취된 것은 바로 폭력, 에로티즘, 금기, 위반, 동물성, 신성이 맺는 기묘한 모순과 역설의 관계를 알고 있었기 때문이다. 『종교의 이론 *Théorie de la religion*』에서 바타이유는 종교적 축제가 폭력의 시간이요, 대화재의 시간이요, 신성의 시간임을 다음과 같이 강조하고 있다.

> 사물의 질서는 지속을 위해 삶을 억제하지만, 신성은 그것을 비
> 등시키는 놀라운 폭발, 즉 폭력이다. 축제는 끊임없이 둑을 무
> 너뜨리려 위협하며, 소모가 갖는 순수 광채의 전염적 충동을 생
> 산 활동에 대립시킨다. 신성은 정확히 말해 나무를 태워 소진시
> 키는 불길과도 같다. 축제는 사물에 대립하는 불길이다. 축제는
> 열과 빛을 내뿜으며 사물에 불을 붙이고, 축제의 불길에 휩싸인
> 사물은 다시 불길이 되어 다른 사물에 불을 붙이며 앞뒤 없이
> 타오른다.[14]

고대사회의 에로티즘을 설명하는 디오니소스제는 평소의
인간적 질서를 초월하는 종교적 신성의 체험이었다. 고대인
들은 이런 에로티즘, 이런 신성에 얼마나 광적으로 매달렸던
지, 로마제국 초기 디오니소스제의 인기는 그것이 기독교의
강력한 경쟁자로 여겨질 정도였다. 그러나 로마제국 말기 디
오니소스제는 극심한 탄압으로 인해 초기의 격정으로부터
점차 멀어져 갔다. 오늘날 남아 있는 여러 가지 유물들은 시
간이 흐르면서 디오니소스제가 부분적으로는 저속한 방탕으
로 변질되었다고 믿게 한다.[15] 결국 디오니소스제는 기독교
의 번성과 함께 소멸하고 말았다.

중세 기독교 사회 : 에로티즘과 지옥

바타이유는 에로티즘에 도덕적 잣대를 들이대는 것을 비난한다. 애당초 욕망, 즉 본능은 전혀 죄악이 아니었다. 사실 선사시대가 남긴 자료들, 예를 들면 라스코 동굴벽화가 보여주는 발기된 남성의 성기는 악마와 하등 관계가 없다. 악마란 기독교가 만들어낸 개념이다. 말하자면 에로티즘의 탄생은 악마의 탄생 이전에 이루어졌고, 선사시대의 에로티즘은 천국적 양상하에서 전개되었다. 그렇다면 기독교는 왜 에로티즘을 악마적 양상으로 규정했을까? 그것은 바로 에로티즘이 갖는 비생산성, 소모, 상실, 죽음과의 관련성 때문이다. 문제는 욕망과 노동의 대립이다. 기독교는 무엇보다 노동에 지고한 가치를 부여했기 때문에, 에너지의 유실을 가리키는 에로티즘을 지옥의 죄악으로 배척했다.

디오니소스적 에로티즘은 원래 하나의 긍정이요, 신성에 이르는 지름길이었다. 그런데 기독교에서 에로티즘은 절대적 부정이요, 신성의 반대항이 되었다. 중세 기독교가 에로티즘에 부여한 자리가 지옥이라는 것은 중세 미술이 폭넓게 증명하고 있다. 중세 화가들도 누드를 그렸지만, 그것은 누드에 대한 공포를 심기 위해서였다. 티에리 보우츠(Thierry Bouts)의 「지옥 L'Enfer」이나 반 데르 바이덴(Van der Weyden)의 「최후의 심판 Le Jugement dernier」을 보라.[16] 조각의 경우 그

「최후의 심판」, 반 데르 바이덴.
중세에 육체적 쾌락은 곧 죄악이었다.

리스·로마 시대에는 남성의 성기가 그대로 묘사되었지만, 중세 기독교 시대에는 그것이 옷자락 혹은 나뭇잎 등으로 가려졌다. 중세 시대에 성은 결코 드러내서는 안 될 대상이었다.

사실 중세뿐만 아니라 기독교의 전 역사는 에로티즘에 대한 징벌의 역사나 다름 없다. 기독교는 즉각적인 동시에 영원한 만족의 왕국을 가리키는 낙원을 사후 세계에 위치시켰다. 그리하여 노동을 방해하는 당장의 쾌락, 당장의 낙원에 기초한 디오니소스적 신성은 필사적 배제의 대상이 되었다.

한편 종교재판의 역사가 장구하다는 것은 이런 배제가 거의 불가능에 가깝다는 것을 보여준다. "기독교적 억압은 황량한 땅에서 이교도적 축제를 몰아내지 못한 것으로 보인다. 오히려 사탄의 경배는 고대 신의 경배를 대체했다. 악마에게서 '디오니소스의 부활'을 어렵지 않게 볼 수 있는 것은 바로 그런 이유 때문이다." [17] 『악의 꽃 Les Fleurs du mal』에서 보들레르는 이렇게 말했다.

지상의 관능은 그리고 유일한 관능은 확실하게 악을 자행하는
데 있다.(E139)

보들레르의 악이 다름 아닌 당장의 낙원, 즉 술, 섹스, 마
약 등을 가리킴은 말할 필요조차 없다. 다음 장에서 설명할
르네상스에서 오늘날까지의 예술의 역사는 에로티즘에 대한
기독교의 부정이 욕망의 진정제가 아니라 오히려 욕망의 자
극제가 되었음을 어렵지 않게 입증해줄 것이다.

르네상스에서 사드까지 : 예술과 진실

천국과 지옥, 선신(善神)과 악마의 단순한 대립 구도는 중
세를 벗어나면서 혼란을 보인다. 르네상스를 기점으로 해서
에로티즘에 씌워진 죄악의 이미지가 변화를 보이는 것이다.
'Renaissance'란 '부활' '부흥'이란 뜻을 가지고 있다. 그렇
다면 무엇을 되살린단 말인가? 그것은 말할 필요도 없이 고
대 그리스·로마의 문화이다. 그러므로 르네상스 시대에 이
르러 고대의 에로티즘이 부활의 징후를 띠는 것은 별로 이상
한 일이 아니다.

바타이유는 알브레히트 뒤러(Albrecht Dürer), 루카스 크라
나흐(Lucas Cranach), 그리고 한스 발둥 그린(Hans Baldung
Grien)을 르네상스 시대의 대표적 아웃사이더 화가들로 꼽는

다. 경건한 신심으로 관능적 작품을 저주했던 기독교 세계에서 마침내 안일을 뒤흔드는 격정을 담은 에로틱한 예술이 탄생했다.

> 우리는 발을 묶어 거꾸로 매단 벌거벗은 사형수를 사타구니로부터 잘라나가는 기다란 톱을 표현한 그 화가(크라나흐)에게 재미라는 감정 이상의 것을 할애하지 않으면 안 된다.[18]

이런 그림들 앞에서 일상에 안주하는 상상력이 설 자리가 어디 있을까. 에로티즘과 사디즘의 가혹한 일치…… 르네상스의 아웃사이더 화가들이 에로티즘의 매혹을 연결시킨 곳은 바로 죽음, 우리에게 공포와 욕망을 동시에 불러일으키는 죽음이다. 그런데 죽음과 에로티즘의 일치야말로 선사시대부터 고대사회에 이르기까지 줄기차게 제기되었던 주제가 아니던가.

「톱」, 루카스 크라나흐.
인간에 내재한 사디즘의 절정을 보여준다.

르네상스 시대의 에로티즘을 계승한 것은 '마니에리슴(maniérisme)' 회화인데, 마니에

르슴은 르네상스 말기인 1520년대부터 바로크 양식이 시작된 1590년대까지 이탈리아에서 성행했던 미술 양식이다. 마니에리슴 화가들은 고전주의 화가들과 달리 주제와 의미보다 표현 양식과 기법에 더 집착했다. 그들은 멋과 기교를 의식적으로 개발했고, 그로테스크한 것에 탐닉했다.

카롱(Antoine Caron), 슈프랑거(Bartholomeus Spranger), 반 하를렘(Van Haarlem) 등 마니에리슴 화가들은 르네상스 화가들과 달리 에로티즘에서 죽음의 그림자를 지우고 지극히 관능적인 누드를 그렸다. 인간의 역사에서 누드는 동물적 외설[19]과 신성한 아름다움의 접점으로서 뜨거운 욕망의 대상이 되어왔다. 이상을 좇는 고전주의 화가들은 당연히 마니에리슴 화가들을 경멸했고, 그들 역시 고전주의 화가들을 경멸했다. 정도의 차이는 있을망정 이탈리아의 마니에리슴 화가들과 프랑스의 마니에리슴 화가들, 즉 퐁텐블로파(Ecole

「목욕하는 다이아나」, 프랑수아 클루에(François Clouet).
마니에리슴 화가들은 지극히 관능적인 누드를 그렸다.

de Fontainebleau)의 화가들은 모두가 제대로 평가받지 못했다. 그들이 하나같이 망각의 대상이 되었다는 사실은 에로티즘이 16세기에도 여전히 사회적 배제의 대상이었다는 것을 말해준다.

진실을 표현함으로써 예술사의 순교자가 된 것은 18세기의 예술가들도 예외가 아니다. 바타이유는 그 대표적 예로 사드와 고야(Francisco De Goya)를 든다. 사드와 고야의 예는 '인간이란 무엇인가'에 대한 진지한 대답의 예라고 할 수 있다. 감옥에서 인생의 30년을 보낸 사드는 그의 고독을 피와 관능에 대한 몽상으로 채웠다. 30년 동안 진짜 감옥에 갇혔던 사드의 예술이 격렬한 광란의 예라면, 36년 동안 절대적 청각 장애의 감옥에 갇혔던 고야의 예술은 우울한 공포의 예이다.[20] 브라이어니 퍼(Briony Fer)는 「먼지/미술 Poussière/Peinture」에서 고야를 '모더니즘의 잔혹한 선구자'로 일컫는다. 극단적 고통, 죽음의 강박관념 등으로 얼룩진 고야의 예술이 현대미술을 탄생시킨 '내

「목 자르기」, 프란시스코 고야.
고야는 인간의 잔혹한 본성을 그림으로 표현했다.

적·근원적 폭력의 핵심'을 미리 보여주고 있다는 의미에서 말이다.[21]

『에로스의 눈물』에서 바타이유가 문득 질 드 레(Gilles de Rais, 1404~1440)와 엘리자벳 바토리(Erzsébet Báthory, 1560~1614)를 언급한다면, 그것은 사드의 에로티즘, 즉 사디즘 논의를 보완하기 위해서일 것이다. (사드는 과연 질 드 레의 냉혹성을 높이 평가한 바 있다.) 브르타뉴 지방의 공작 질 드 레는 처음에는 변태적 성욕을 만족시킨 후 증거를 남기지 않기 위해, 그 다음에는 사디즘에 의해, 마지막으로는 악마주의에 의해 수백 명의 어린이를 죽였다. 폴란드 왕녀 엘리자벳 바토리 역시 잔혹성에서 질 드 레에 뒤지지 않는다. 그녀는 뜨거운 피 속에서 목욕하기 위해 수백 명의 소녀를 살해한 것으로 알려져 있다.

인간이란 진정 무엇일까? 전율적 공포를 동반하는 이 물음에의 대답을 인간은 오랫동안 회피해왔다. 아마 인간은 영원히 이 문제를 회피할지도 모른다. 사람들은 오랫동안 사드의 작품을 금서로 만들었지만, 바타이유에 의하면 오늘날 사드 작품의 독서는 범죄의 숫자, 심지어 사드적인 범죄의 숫자조차 전혀 증가시키지 않았다. 에로티즘과 사디즘의 탐구는 인간이 진실의 인식, 자아의 인식을 위해 반드시 거쳐야 할 외길이 아닐까?

현대 : 인습과 자유

푸코는 「위반에 대한 서문 Préface à la transgression」에서 오늘날 성의 담론이 풍요로워진 원인을 신의 죽음에서 찾았다.[22] 현대사회가 신을 죽이면 죽일수록, 성의 표현은 더욱 자유로워졌다. 바타이유는 이런 의미에서 현대 회화의 출발점을 들라크루아(Eugène Delacroix)에게서 보았고, 그 현재진행형을 동시대의 초현실주의에서 찾았다. 그리고 개개의 작가를 분석하기보다는 에로티즘이라는 틀 속에서 그들을 종합하려고 애썼다.[23]

들라크루아는 대체로 이상주의적 회화의 원칙에 충실했지만, 에로티즘의 차원에서 자신의 그림을 죽음의 표현에 연결시켰다. 마네(Edouard Manet)는 관례 추종주의적 회화의 원칙을 단호히 거부했다. 그의 누드화는 습관과 인습의 옷으로 가려지지 않은 거친 신선함을 지니고 있었다. 드가

「사르다나팔로스의 죽음」, 외젠 들라크루아.

(Edgar Degas)가 그린 몰상식한 창녀들의 경우도 당위가 아니라 현실이었다. 귀스타브 모로(Gustave Moreau)의 그림은 다분히 관례 추종적이지만, 그의 성적

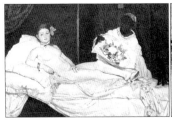
「올랭피아」, 에두아르 마네.

「텔리에 하우스」, 에드가르 드가.

강박관념이 그로 하여금 에로티즘의 고뇌로 충만한 누드를 그리게 했다. 바타이유에 의하면, 초현실주의 회화는 '20세기의 마니에리슴'이다. 마니에리슴이 팽팽히 긴장된 폭력을 표현하고 있고, 이 폭력의 긴장 없이 우리가 인습의 굴레로부터 해방될 수 없다는 의미에서 말이다. 브라이어니 퍼에 따르면 예술사의 위대한 순간은 에로틱한 것과 사드적 충동을 결합시킨 바로 위의 화가들의 그림에 있다.[24]

에로티즘이 언제나 사회적 배제, 즉 금기의 대상이었던 것은 사실이지만, 그래도 이처럼 중세에서 현대로 올수록 그 표현이 점점 자유로워졌다. 프랑스의 대표적 인문학자 쥘리아 크리스테바(Julia Kristeva)는 「조르주 바타

「문신을 한 살로메」, 귀스타브 모로.

이유의 체험 L' expérience de Georges Bataille」에서 21세기 미국식 '세계화'가 내세우는 신자유가 결국 상품 교환의 자유에 불과함을 지적했다. 그녀에 따르면, 이 신자유의 반대 항으로 제시될 수 있는 자유 가운데 가장 주목할 만한 것이 바타이유의 '대상 없는 무한 욕망', '에로티즘 속에 자기성(ipséité, 타인과 자기를 경계 지우는 자기만의 속성)을 비워내려는 욕망'이다.[25] 크리스테바의 눈에 이것이 우리에게 남은 유일한 신앙이요 유일한 자유인즉, 바타이유가 언급한 분류할 수 없는 현대 화가들의 공통점은 모두 이 신앙, 이 자유의 표현에 있을 것이다.

에로티즘의 역사 : 저주와 진실

지금까지 정리한 에로티즘의 역사에서 보듯, 성과 죽음은 실로 인간사의 씨줄과 날줄을 이루고 있음에도 불구하고 금기라는 저주의 영역으로 내몰렸다. 그렇지만 저주한다고 진실이 없어질까? 선사시대부터 초현실주의까지 우리가 본 예술가들은 모두 정도의 차이는 있을망정 죽음과 에로티즘을 일치시켰고, 이성과 광기 사이의 아슬아슬한 담장이 바로 인간의 길임을 보여주었다. 그들은 당위 즉 '봐야 할 것'이 아니라, 현실 즉 '본 것'을 그렸다. 물론 천국과 지옥, 선신과 악마의 단순한 대립 구도를 유지하려는 기독교 사회는 그들의 예술에 대해 철저한 소외로 답했지만 말이다.

　대체로 디오니소스교와 기독교의 대립으로 특징지어지는 에로티즘의 역사를 되돌아볼 때, 결론적으로 이렇게 말할 수 있지 않을까? 모름지기 에로티즘에서 종교적 의미를 보지 못하는 자는 그 누구도 에로티즘의 의미를 온전히 파악할 수 없고, 모름지기 종교가 에로티즘과 맺고 있는 관계를 무시하는 자는 그 누구도 종교의 전체적 의미를 온전히 파악할 수 없다. 에로티즘은 이처럼 종교와 불가분의 관계에 있지만, 기독교는 오히려 에로티즘을 심판하고 배척해왔다. 요컨대 기독교는 에로티즘을 배제함으로써 신성의 오묘한 진실에 얼굴을 돌린 채 한낱 공리주의 윤리로 축소되고 말았고, 에로티즘은 기독교에 의해 그 내밀한 신성을 부정당함으로써 한낱 불결하고 불성실한 행위로 전락하고 말았다. 에로티즘의 역사, 그것은 성과 신성의 이별의 역사이다.

에로티즘이란 무엇인가

연속성과 비연속성

인간 존재는 근본적으로 고독하다. 어머니에게서 떨어져 나온 순간부터 그는 철저히 혼자이다. 출생부터 사망까지 발생하는 모든 사건을 진정으로 감당하는 것은 오직 그 자신밖에 없다. 몸은 하나의 움직일 수 없는 경계를 이룬다. 한 존재와 다른 존재 사이에는 문자 그대로 넘을 수 없는 심연이 가로놓여 있으며, 이런 면에서 인간은 '불연속성(discontinuité)'에 의해 특징지어진다.

예를 들어 그 심연은 여러분에게 말하는 나와 나의 말을 듣는 여러분 사이를 가로막고 있다. 우리는 서로 교통하려고 애쓴다.

그러나 우리 사이의 어떤 교통의 방법도 원래의 거리를 좁힐 수
없다. 여러분 가운데 누가 죽는다면 죽는 것은 여러분 가운데
누구이지 나는 아니다. 왜냐하면 여러분과 나, 우리는 모두 불
연속적 존재이기 때문이다.(E12)

인간이 고독한 불연속적 존재인 만큼, 인간은 필사적으로
'연속성(continuité)'을 갈망한다. 그런데 바타이유가 보기에
불연속적 존재들의 삶에 모종의 연속성이 구현되는 기막힌
시간이 있는데, 그것은 바로 생식(生殖)의 시간이다. 애초에
정자와 난자는 불연속적 개체로 존재한다. 그러다가 별안간
둘은 하나로 결합한다. 결합한 두 개체는 일정 시간이 지난
후 새로운 개체, 즉 새로운 불연속적 존재를 탄생시킨다. 새
로운 개체의 탄생은 곧 정자와 난자라는 두 개체의 소멸, 즉
두 개체의 죽음을 의미한다. 결합의 순간에서 새 생명의 탄생
까지, 정자와 난자라는 두 개체는 한 몸으로 뒤엉켜 연속성을
구현하는 것이다.

바타이유는 잃어버린 연속성에 대한 뿌리 깊은 향수에서
인간의 세 가지 에로티즘이 비롯된다고 생각한다. 첫째, 육
체의 에로티즘(érotisme des corps), 둘째, 심정의 에로티즘
(érotisme des coeurs), 셋째, 신성의 에로티즘(érotisme sacré).

세 에로티즘은 공히 우리로 하여금 고립감에서 벗어나게 하고, 모호하게나마 연속성을 느끼게 해준다.

육체의 에로티즘은 남자와 여자라는 불연속적 개체의 상대적 와해를 전제로 한다. 알몸이 우리에게 긴장과 전율을 불러일으키는 것은 일상성, 정상성의 일탈을 의미하기 때문이다. 알몸은 존재의 불연속성, 폐쇄성을 포기하겠다는 선언이나 다름없다. 교통을 갈망하는 알몸은 존재의 동요를 야기한다. 동요는 알몸과 알몸을 서로에게 열어 하나로 뒤섞이게 한다. 그리하여 융합의 격랑에 휩쓸린 성기의 상호 작용 속에서 마침내 한순간 자아의 경계가 사라진다. 상대방의 몸 안에서 자아의 완전한 상실이 이루어지는 순간, 그 순간이 바로 존재의 연속성이 구현되는 순간이다.

심정의 에로티즘이란 쉽게 말해 사랑의 열정을 가리킨다. 연인이 나에게 소중하다면, 그것은 내가 오직 그에게만 나의 경계를 열 수 있고, 오직 그만이 나를 위해 자신의 경계를 열 수 있다고 믿기 때문이다. 사랑하는 두 개체는 서로 연속성을 구현하고 있다는 느낌을 공유한다. 그러므로 연인을 잃는다는 것은 곧 연속성을 잃는다는 것이며, 불연속적 존재로 되돌아간다는 것이다. 우리가 가끔 실연보다 죽음을 택하는 것은 이런 이유에서이다. 심정의 에로티즘이 육체의 에로티즘과 불가분의 관계에 있다는 것은 말할 필요조차 없다. 전자는 후자를 유도하고, 연장한다.

신성의 에로티즘은 간단히 말해 신에 대한 사랑이라고 할
수 있다. 그런데 왜 에로티즘인가? 청소년 시절에 신부가 되
기 위해 신학교를 다니기도 했던 바타이유는 종교에 대해 정
통했다. 그가 수집한 정보에 따르면, 신을 영접하는 순간에
경험되는 감정은 연인과 결합하는 순간에 경험되는 감정과
똑같다. 미뉘(Minuit) 출판사에서 간행된 『에로티즘』의 표지
사진은 베르니니(Gian Lorenzo Bernini)의 조각 「성녀 테레사
의 황홀경 L' Extase de sainte Thérèse」을 담고 있는데, 여기
서 성녀 테레사의 표정은 오르가즘 순간의 여성의 표정을 방
불케 한다. 어쨌든 종교는 현세 너머의 연속성에 대한 체계적
이고 끈질긴 추구이다. 종
교는 신의 품속에서 모두
가 하나가 되리라는 믿음,
즉 내세가 우리에게 존재
와 존재 사이의 경계가 없
는 연속성을 보장하리라는
믿음에 근거하고 있다.

인간에게 드리워진 불
연속성의 어두운 그림자가

「성녀 테레사의 황홀경」, 지안 로렌조 베르니니.
신성의 순간인가, 관능의 순간인가?

사라지는 것은 오직 에로티즘의 격정 속에서이다. 말하자면 연속성이란 에로티즘을 통해서만 우리가 깨달을 수 있는 하나의 진실이다. 그러나 에로티즘은 연속성이란 개념만으로 다 설명될 수 있는 것이 아니다. 에로티즘의 비정상, 광기, 비이성이 불러일으키는 혼미는 우리로 하여금 모든 것을, 때로는 죽음마저 초월하게 해준다. 에로티즘에 다시 의식의 현미경을 들이대 보자. 물론 비이성적 에로티즘을 이성적 시선으로 바라보고자 하는 우리의 태도가 매우 모순적이고 역설적인 것이라는 사실을 인정하면서 말이다.

금기와 위반

쾌락을 의식적 목적으로 추구한다는 점에서 인간의 에로티즘이 동물의 교미 행위와 다르다는 사실은 누차 지적한 바 있다. 욕망의 대상을 선택하는 동기도 인간의 경우는 동물의 경우보다 훨씬 더 복잡하다. 에로티즘은 인간 고유의 '내적 체험'이라고 할 수 있다. 이 내적 체험의 절정에서 주체는 자아를, 의식을, 이성을 완전히 상실한다. 에로티즘이 그 누구에게도 온전히 전할 수 없는 비의의 체험이 되는 것은 이런 까닭에서이다.

에로티즘을 지적, 과학적, 외부적 대상으로 간주하면 그것은 종교만큼이나 흉측한 사물이 된다. 에로티즘과 종교는 내적 체험의 차원에 붙잡아두지 않으면 우리에게서 빠져 달아나 버린다. (중략) 에로티즘을 더 이상 사물화시키거나 외적 대상으로 간주하는 일을 삼가자. 이제 우리는 그것을 내적 충동으로 간주하지 않으면 안 된다.(E39~40)

에로티즘이라는 비의의 내적 체험은 금기로 설정됨으로써 더욱더 신비한 체험이 되며, 나아가 신성한 종교적 행위가 된다. 앞서 말한 대로 금기를 설정하는 것은 오직 인간뿐이다. 부끄럼 없이 행하던 성행위를 부끄럽게 여기게 되면서 인간은 다시 한 번 동물로부터 멀어진다. 에로티즘이 금기가 되었다는 것은 뒤집어 말하면 에로티즘의 진실의 인식은 반드시 위반을 필요로 한다는 것을 의미한다.

금기는 법과 달리 외부에서 명시적으로 강제하는 것이 아니다. 금기는 우리의 내면에 호소한다. 금기를 위반하는 순간, 우리는 필연적으로 내면의 고뇌와 죄의식을 경험한다. 그리고 이 순간, 욕망과 공포의 소용돌이, 쾌락과 고뇌의 소용돌이 속에서 우리는 진실이 무엇인지 문득 깨닫게 된다. 그 진실은 아마도 동물과 인간과 신이 그렇게 다른 것이 아니라는 사실일 것이다. 아무튼 금기 저 너머 신성의 진실을 알고 싶다면, 길은 위반뿐이다.

앞서 말한 대로 노동을 인식한 이후 인간은 거기에 지고한 가치를 부여했다. 노동이 인간의 생존을 보장하는 필요불가결한 수단인 이상, 이런 관점은 충분히 이해할 만하다. 그렇다면 왜 인간이 설정한 주요 금기는 대부분 성과 죽음에 관련되는 것일까? 그 이유는 성과 죽음이 노동을 교란하는 과잉과 폭력을 내포하고 있기 때문이다. 상론해보자.

죽음의 금기

영국 사회학자 제프리 고러(Geoffrey Gorer)는 선구적 논문 「죽음의 포르노그래피 The Pornography of death」(1955)에서 20세기 들어 성의 금기가 완화되면 될수록 그만큼 더 죽음의 금기가 강화되었다는 사실을 확인한 바 있다.[26] 살해 혹은 시체와의 접촉은 말할 필요도 없고, 심지어 죽음의 장구한 기억조차 금기로 설정되어 있다. 가령 남편을 잃은 미망인이 슬픔에만 빠져 있다면, 그것은 칭찬할 만한 일이 아니다. 그녀가 일반의 지지를 얻기 위해서는 가능한 한 빨리 남편의 죽음을 잊고 아이들을 훌륭하게 키우는 것, 말하자면 슬픔을 딛고 일어나 일을 하는 것이다. 자본주의는 이처럼 슬픔보다 노동을 선호한다. 한국의 삼년상 폐지도 이런 선호와 무관하지 않을 것이다.

노동을 지배하는 것은 이성이지만, 자연을 지배하는 것은 폭력이다. 자연, 즉 동물로서의 인간의 내부에는 폭력의 충동이 있다. 폭력은 일상적인 노동의 질서에 동요와 혼란을 초래하기 때문에, 노동에 몰두하는 인간 집단에서 언제나 금기의 대상이 된다. 말하자면 금기의 근본 대상은 폭력인데, 죽음은 성과 마찬가지로 본질적으로 폭력에 연관된다.

십만 년 전 네안데르탈인은 오늘날의 우리처럼 무덤을 만들어 죽은 사람을 매장했다. 매장은 죽은 자가 동물의 폭력을 당하지 않도록 보호하려는 배려에서 비롯된 것이기도 하지만, 죽은 자에 대한 공포심에서 비롯된 것이기도 하다. 선사시대 사람들에게 죽음은 한순간 세계를 폐허로 만들 수 있는 가장 잔혹한 폭력의 기호였다. 시체는 그들에게 연민과 동시에 공포를 불러일으켰다. 결국 그들이 시체를 묻은 것은 죽은 자를 보호하기 위해서라기보다는 차라리 죽음이라는 폭력의 전염으로부터 자신들을 보호하기 위해서였다. 오늘날 죽음을 전염병이라고 믿는 사람은 없다. 그러나 구더기가 득실거리는 시체를 보고도 피해가지 않는 사람이 있을까?

살인은 죽음까지 가는 폭력이다. 성경에도 "살인하지 말라"라는 계율이 있는 것처럼, 살인은 노동을 통해 삶을 영위하는 모든 사회에서 금기로 설정된다. "이성이 잠들면 괴물이 나타난다"라고 했던 것이 고야였던가.[27] 우리의 내면은 이성과 광기의 승부 없는 각축장이라고 해도 과언이 아니다. 살해의 금기 역시 강력한 징벌에도 불구하고 번번이 위반을 불렀다.

> 프로이트는 『토템과 터부』에서 피상적인 인종학적 자료에 근거해 "터부란 만지려는 욕망에 대립된 것이다."라고 했다. (중략) 그러나 금기가 욕망을 반드시 억제하는 것은 아니다. (중략) 죽음은 공포와 동시에 유혹을 불러일으킨다. 그것은 폭력을 휘둘러서 산 사람을 살해하고 싶은 욕망이다.(E50~51)

바타이유는 금기에 대한 프로이트의 이해를 피상적인 것으로 비판했다. 욕망을 억제하는 동시에 욕망을 자극한다는 사실에 금기의 역설이 있다. 죽음의 금기 역시 마찬가지이다. 슬프게도, 우리는 거기에서 거부할 수 없는 향기를 느낀다.

성의 금기

바타이유는 『에로티즘』을 통해 인간의 성행위가 일종의 폭력으로서 노동의 대립체임을 수없이 강조했다. 노동은 이성적 행동을 요구하지만, 성행위는 본질적으로 폭력과 연관되는 과잉이다. 또한 노동의 목적은 물질적 획득이지만, 에로티즘의 목적은 쾌락의 획득이다. 쾌락의 획득이란 항용 물질적 상실, 게다가 격심한 에너지의 상실을 전제로 한다. 쾌락의 추구가 노동을 강조하는 모든 인간 집단에서 경원의 대상, 금기의 대상, 단죄의 대상이 된 것은 이런 이유에서이다. 그런데 성행위가 폭력이라고! 도대체 바타이유는 무슨 근거로 그런 말을 했을까?

성은 죽음과 마찬가지로 폭력과 불가분의 관계에 있다. "폭력 없이 생식을 하는 존재란 상상할 수 없다."(E16) 성의 외양은 그것이 아무리 황홀한 것이라 할지라도 폭력성을 띤다. 부모의 성행위 장면을 최초로 목격한 유아가 흔히 그것을 어머니에 대한 아버지의 폭력으로 이해한다는 것은 잘 알려진 사실이다. 육체의 에로티즘을 바타이유는 대상을 범하는 행위, 살해에 가까운 행위로 간주한다. 무릇 성행위의 기본 원리는 정상 상태의 상대방이 보유하고 있던 폐쇄적 존재 구조를 파괴하는 데 있다. 알몸은 자제하던 육체를 뒤흔든다. 드디어 남성의 알몸이 여성의 알몸 속으로 들어간다. 이때 필연적으로 숨을 멎게 하는 파열이 발생하며, 뒤이어 존재의 와해 속에서 황홀한 연속성이 구현된다.[28]

폭력은 무서운 동시에 황홀한 것이다.(E55)

모름지기 최초의 성행위에 대한 처녀의 막연한 공포와 기대도 폭력의 모순된 특성에 연유하는 것이리라. 사실 무의식의 차원에서 보자면, 더 큰 페니스를 원한다는 여성 욕망의 신화 역시 더 큰 폭력의 욕망을 담고 있다고 할 수 있지 않을까? 그리고 좀 더 직접적인 성과 폭력의 연관성은 사디즘과 마조히즘에서 찾을 수 있을 것이다. 프로이트에 의하면, 인간의 죽음 본능은 가끔 에로티즘과 결합되어 병적인 성격을 띠기도 하는데, 그것이 외부의 대상으로 향할 때 공격성으로 드러나며, 내부의 자아로 향할 때 자기 파괴성으로 드러난다. 사디즘은 전자를 가리키는 것이며, 마조히즘은 후자를 지칭하는 것이다.[29]

만일 공동체의 구성원들이 모두 에로티즘과 관련한 동물적 자유, 폭력의 관능에만 몰두한다면, 그 공동체의 노동에는 장애가 생길 것이며, 종국적으로 그 공동체는 생존을 유지하기 힘들 것이다. 따라서 일상의 흐름을 뒤흔드는 에로티즘에 일정한 제한을 가하는 것은 인간 사회의 보편적 현상이었다. 이제 인간이 성의 어떤 양상을 금기로 정했는지 살펴보자.

'근친상간'은 가장 전형적인 성의 금기일 것이다. 레비스트로스가 『친족의 기본 구조 Les structures élémentaires de la parenté』(1949)를 통해 원시 부족의 근친상간 금지를 자세히 분석한 이후, 이는 인류학의 주요 탐구 대상이 되었다. 레비스트로스는 결혼을 집단과 집단 사이의 커뮤니케이션을 가능케 하는 일련의 과정, 즉 일종의 언어활동으로 간주했다.
여성은 커뮤니케이션의 수단으로서 집단과 집단 사이에 마
치 언어처럼 순환되었다. 레비스트로스에 의하면, 언어 교환
에 문법이 있듯 여성 교환에도 일정한 규칙이 있는데, 이 규
칙의 본질은 특정 범주의 친족과의 결혼, 한마디로 근친상간
을 금지하는 데 있다. 바타이유는 레비스트로스의 생각을 공
유하면서 이렇게 말했다.

> 고대사회에서는 인척 관계를 엄격하게 분류했으며, 그와 관련
> 한 금기도 매우 엄격했다. (중략) 근친상간의 금지는 집단적 질
> 서의 보호를 위한 것이었으리라. 그러나 그런 기본적인 측면과
> 다른 측면도 있다. 남자와 여자의 적절한 분배가 그것이다. 이
> 상하게 들릴지 모르지만, 분배가 가져다주는 이해관계를 생각
> 하면 이 주장을 받아들이기는 어렵지 않으리라.(E56)

근친상간의 금지가 엄격하고 보편적이라는 사실은 근친
상간의 욕망이 몹시 강렬하고 집요한 것이라는 사실을 반증
한다. 지금까지 인간 사회에는 근친상간의 이야기가 끊이지
않았다. 어느 나라에나 근친상간과 관련한 전설이나 민담이
있는데, 가장 대표적인 이야기로는 소포클레스의 『오이디푸
스 왕』을 꼽을 수 있을 것이다.

성과 관련한 전형적 금기에는 또한 '월경의 피'와 '출산의 피'의 노출이 있다. 이 두 금기 역시 폭력의 공포에서 비롯된 것이다. 출혈이란 내적 폭력을 상기시키며, 우리의 심리를 단숨에 혼란에 빠뜨린다. 월경의 피는 우리에게 성적 폭력을 상기시킬 수 있다. 그리고 성행위의 결과인 출산은 그 자체가 이미 짓찢기는 파열이며, 단말마적 비명이며, 숨 막히는 고통이다.

인간 사회에서 가장 보편적이고 가장 일상적인 성의 금기는 '성기와 성행위 자체의 노출'이다. 시공간을 막론하고 타인의 성기 혹은 타인의 성행위 앞에서 당황하지 않을 사람이 누가 있을까. 우리는 아무 데서나 음식을 먹을 수 있지만, 아무 데서나 성행위를 할 수는 없다. 거듭 말하지만, 이 모든 성의 금기는 집단의 안정, 특히 노동의 보호를 목적으로 하고 있다.

성과 죽음의 일치

생명의 시작과 끝을 뜻하는 성과 죽음은 일견 대립적으로 보이지만 실은 불가분의 관계에 있다. 성은 한 생명의 탄생을 알리는 축복인 동시에 다른 한 생명의 죽음을 부르는 폭력이다.

가령 무성생식을 하는 단순한 세포의 경우를 생각해보자.

A라는 개체가 생장점에서 분열하여 두 개의 개체가 된다. 그렇다면 A에서 A′가 나온 것일까? 그게 아니다. A라는 개체는 이미 사라지고 없다. 사실은 A라는 개체의 죽음을 토대로 A′와 A″라는 새로운 두 개체가 탄생한 것이다.

유성생식의 경우도 사정은 크게 다르지 않다. 거미는 어미를 먹고 자라며, 사마귀는 교미 후 영양소의 확보를 위해 암컷이 수컷을 먹는다. 인간의 경우도 대차가 없다. 연어처럼 실제로 죽지 않는다 하더라도, 생식 이후 인간의 시간은 새 생명이 자생력을 갖출 때까지만 '살아가는 시간' 혹은 '죽어가는 시간'이다. 다만 인간의 경우 새 생명이 자립할 수 있을 때까지 소요되는 시간이 대다수 다른 동물의 경우보다 훨씬 더 길 뿐이다. 단순화하자면, 모든 생물의 생식 이후의 시간은 죽음의 시간이라고 할 수 있다.

한편 에로티즘의 순간 그 자체도 일견 생명현상의 절정으로 보이지만, 여기에도 죽음의 그림자가 드리워진다. 스스로를 생식할 때, 생명은 무한한 범람과 극도의 착란을 거치지 않으면 안 된다. 두 개체는 넘치는 관능 속에서 몸부림치며, 황홀하게 의식을 잃고, 마침내 심연으로 빠져든다. 말을 바꾸면 생명의 절정인 에로티즘을 통해 인간은 역설적으로 죽음의 심연을 맛보는 것이다. 앞서 말했듯 그것은 정히 '작은 죽음'에 해당한다. 사드는 성과 죽음을 구분하지 못했다.

극단적 사랑의 충동은 죽음의 충동과 다르지 않다.(E45)

죽음은 생명의 끝이기 때문에 인간에게 공포를 불러일으킨다. 장례식은 죽은 자를 위로하는 동시에 산 자를 보호하는 의식, 이를테면 산 자와 죽은 자를 분리하는 의식이다. 그러나 죽음이 종말만을 의미하는 것은 아니다. 죽음은 동시에 출발을 예고한다. 왜냐하면 새로운 생명을 탄생시키는 것은 다름 아닌 죽음의 부패이기 때문이다.

아리스토텔레스조차도 땅과 물에서 자연 발생하는 생물들은 죽음과 부패가 생성시키는 것이라고 믿었다. 부패에 생성력이 있다는 순박한 믿음은 우리의 내부에서 솟아오르는 공포의 결과이다. 그 믿음의 기저에는 자연과 관련한 부끄러움이 숨어 있다. 우리가 태어나고 돌아가는 그 자연은 오직 부패의 세상일 뿐이다. 우리는 거기에서 태어나고 거기로 돌아간다는 사실에 수치와 함께 공포를 느낀다. 알, 씨, 벌레들이 우글거리는 덩어리, 보기만 해도 징그러운 흐물흐물한 그 덩어리는 우리에게 구토를 자아낸다. 언젠가 내가 죽으면 어떻게 될 것인가 하는 생각은 나의 존재를 무겁게 짓누른다. 그러나 보다시피 죽음은 분출하는 생명으로의 회귀를 예고하지 않는가? 나는 이제 구토를 이겨내고, 생명의 분출을 기다리며 살 수 있다.(E60~61)

우주는 죽음의 불꽃놀이로 유지된다. 자연의 순환도를 보자. 식물은 초식동물에게 먹힌다. 초식동물은 육식동물에게 먹힌다. 육식동물은 죽어 땅에 영양분을 공급한다. 식물은 죽음과 부패로부터 영양분을 얻는다. 생명이란 다른 생명의 죽음과 부패의 산물이다. 부패물이 처음부터 우리에게 구토를 불러일으킨 것이 아니다. 우리는 동물로부터 인간으로 옮겨가는 과정에서 부패물과 배설물에 대한 혐오를 교육받았을 뿐이다. 교육받기 이전의 어린아이는 배설물과 부패물에 대해 아무런 역겨움을 느끼지 않는다. 성(聖)아우구스티누스의 통렬한 말을 들어보라.

우리는 똥과 오줌 사이에서 태어난다.(E62)

부패는 죽음을 상징한다. 그런데 바타이유는 부패에 대한 혐오가 부패에 대한 욕망으로 전화할 수 있다고 자신 있게 말한다. 굳이 악취와 관련한 변태성욕을 들먹이지 않더라도 우리는 그것을 쉽게 이해할 수 있다. 예컨대 김치와 치즈의 악취가 때로 우리를 더없이 매혹하는 향기가 되곤 하지 않는가. 성과 죽음의 일치는 사드와 보들레르가 수없이 이야기했지만, 화가들에게도 매력적인 주제였다. 예를 들어 나부(裸婦)와 해골의 결합을 즐겨 그린 한스 발둥 그린 또는 니

(좌) 「열린 무덤 앞에서 나부를 포옹하는 죽음」, 한스 발둥 그린.
(우) 「젊은 여인을 포옹하는 용병의 죽음」, 니콜라스 마누엘 도이치.

콜라스 마누엘 도이치(Nicolas Manuel Deutsch)를 떠올려보라.(E63, E79)

성과 죽음은 이처럼 한 몸으로 뒤엉켜 모순과 역설 속에서 소용돌이치고 있다. 절멸의 축제요 무한의 낭비라는 점에서 성과 죽음을 능가할 수 있는 자연이란 아무것도 없다. 성과 죽음이 가장 강력한 금기의 대상이 된 것은 이런 이유에서이다. 하지만 위반 없는 금기가 어디에 있을까? 탄생 이후 에로티즘은 죽음과 손을 맞잡고 위반이라는 좁은 담장 위를 아슬아슬하게 걸어왔다. 이 장의 나머지 부분은 그 현기증 나는 여정의 주요 길목의 탐구에 할애될 것이다.

사냥과 전쟁

바타이유가 보기에 동물을 죽이는 '사냥'은 전쟁 이전에 최초로 허용된 살해 금기의 위반이었다. 그는 애초에 라스코 동굴의 '우물' 그림을 원시 사냥부족의 (위반에 대한) 속죄 의식으로 해석한 바 있다.[30]

선사시대 연구자들에 의하면, 일반적으로 원시 동굴벽화는 주술적 의미를 지닌다. 동굴의 벽면에 사냥꾼들은 자신들이 욕망하는 대상, 즉 잡고 싶은 동물을 그렸다는 것이다. 그런데 나는 그렇게 생각하지 않는다. 은밀하고도 종교적인 분위기를 지니고 있는 동굴의 벽화는 위반으로서의 사냥이 지니고 있는 종교적 의미를 드러내는 것이 아닐까? 동굴벽화는 동물을 죽이는 순간—이것은 극도의 불안 때문에 살해를 거부하다가 마침내 그거부를 초월하고 살해를 완수하는 순간이며, 생명에 대한 무한한 두려움과 경건성이 엇갈리는 순간이다—을 남기기 위한 것으로 보인다. 죽기 직전의 들소가 죽인 사람을 노려보는 장면을 담은 라스코 동굴벽화는 위의 가정으로 설명된다. 이 그림은 숱한 논란을 야기했지만, 내가 보기에 그것의 주제는 살해와 속죄이다.(E81)

금기의 위반은 은밀히 행해지기도 하지만, 축제나 제의처럼 의식과 관습에 의해 정해진 규칙에 따라 공식적으로 행해지기도 한다. '전쟁'의 경우 살해 금기의 위반이 공식적으로 허용되며, 심지어 찬미되기까지 한다. 전쟁이 존재했음을 알려주는 최초의 증거는 시위를 팽팽히 당긴 궁수들의 전투를 그린 스페인 르방(Levant)족의 동굴벽화인데, 약 만 년 전에 그려진 것으로 추정된다.(E111) 물론 개인적 살해는 그 이전에도 존재했지만, 한 집단이 다른 한 집단을 절멸시키는 전략적 무장 대립이 문제가 된 것은 이때가 최초였던 듯하다. 전쟁은 인간 고유의 현상이다. 그 어떤 동물도 동족이 동족을 전략적으로, 집단적으로 살해하지 않는다. 그렇다면 인류는 왜 전쟁을 하게 되었을까?

『저주의 몫』 해설에서도 강조했던 것처럼, 바타이유의 인류학적·경제학적 사유의 독창성은 그가 생산이 아니라 소비

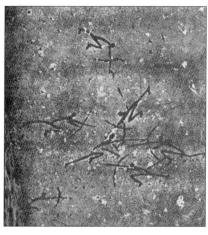

집단적 무장 대립을 표현한 르방
족의 동굴벽화.

의 개념을 중심으로 문명의 역사를 이해한다는 점에 있다. 『저주의 몫』에 따르면, 성장의 근원인 태양빛이 대가 없이 무한정 주어지는 이상, 지구의 에너지는 늘 과잉 상태에 있게 된다. 그러므로 인류의 생존을 위해 중요한 것은 에너지의 축적보다는 에너지의 소비인데, 전쟁은 바로 이 소비의 욕망의 비극적 분출이라고 할 수 있다.

바타이유의 전쟁론을 요약해보자. 고대의 전쟁은 오늘날처럼 잉여의 확대재생산을 목표로 한 정교한 계산의 산물이 아니었다. 역설적으로 말해 그것은 하나의 축제였다. 선전포고에서 종전까지 의식과 절차가 지배했다. 현대의 전투복은 적의 표적이 되지 않도록 채색되고 디자인되지만, 고대의 전투복은 피해를 줄이려는 노력과 무관하게 화려하고 고급스러웠다. 한마디로 고대의 전쟁은 에너지의 사치스런 낭비를 위한 게임이었다. 전쟁이 철저한 이해타산에 의해 지배된 것은 고대 이후의 일이었다.

독자로서는 고대의 전쟁에 대한 바타이유의 시각을 전적으로 옳은 것으로 받아들이기는 힘들 것이다. 고대의 전쟁이라 할지라도 그 직접적인 동기는 폭력 충동의 분출과 과잉 에너지의 해소라기보다는 영토의 확장과 부의 축적이 아니었을까? 아무튼 본질적으로 자유롭고 평등한 활동에 근거했던 인류의 초기 문명은 전쟁의 출현과 더불어 질곡의 길을 걷기 시작했다. 말하자면 인류는 구석기시대의 절대적 빈곤을 벗어나면서 경제적 잉여를 갖게 되었고, 이 경제적 잉여가 전쟁이라는 최초의 질곡을 낳았고, 이 최초의 질곡이 노예제도와 매춘이라는 또 다른 질곡을 낳았다.

전쟁을 통해 승자들이 포로들을 그들의 노예, 즉 노동력으로 삼으면서 전사(戰士)들의 상대적 무위(無爲)와 우두머리들의 절대적 무위가 가능해졌다. 그리고 노예제도로 인한 계급 분화는 에로티즘을 사회적 위상과 부의 소유에 어느 정도 종속시키는 결과를 초래했다.

> 원초적 조건들 속에서 에로틱한 쾌락은 남자들의 매력과 육체적 활력과 지적 능력, 그리고 여자들의 아름다움과 젊음에서 비롯되었다. 여자들의 경우 아름다움과 젊음은 그 후로도 결정적인 요소로 남았다. 그런데 전쟁과 노예제도로부터 태동한 사회는 특권의 중요성을 점차 증대시켰다.[31]

바야흐로 천국을 방불케 하는 에로티즘의 자유가 새롭게 등장한 특권에 의해 근본적으로 흔들린다. 결국 고대의 에로티즘은 서로 다른 두 갈래 길로 들어서는데, 한편 종교와 희생제의에 의해 신성의 길을 걸을 것이며, 다른 한편 권력과 매춘에 의해 왜곡의 길을 걸을 것이다.

희생제의

희생제의는 바타이유가 지대한 관심을 가졌던 분야 가운데 하나이다. 『저주의 몫』에서 그는 주로 비생산적 소비와 관련하여 희생제의를 설명했다. 『에로티즘』에서 그는 금기와 위반, 성과 죽음의 문제에 초점을 맞추어 희생제의를 설명한다.

희생제의는 종교의 영역에서 살해의 금기를 위반하는 행위이다. 바타이유는 공포 없이 신성이 성립될 수 없다고 본다. '신성(sacré)'은 종종 '희생제의(sacrifice)'에서 자양을 얻는데, 희생제의는 피의 축제, 폭력의 축제, 공포의 축제이다. (바타이유는 'sacré'와 'sacrifice'의 음절 구성의 유사성에 주목했다.)

희생 제물은 처음에는 동물, 다음에는 인간, 그 다음에는 다시 동물 가운데서 선택되었다. 희생제의에서 희생 제물은 제의 집행자와 마찬가지로 신성을 부여받았다. 말하자면 동물을 제물로 바치는 행위는 동물을 경멸하는 행위가 아니라 동물을 축성하는 행위였다. 처음에 인간이 아니라 동물이 제물로 선택된 이유는 원시인의 눈에 인간과 동물이 다르게 보이지 않았기 때문이다. 그런 다음, 제물이 동물에서 인간으로 바뀐 것은 인간이 동물에서 멀어진 이후 동물의 희생이 인간에게 고뇌도, 신성도 불러일으키지 않았기 때문이다. 끝으로 제물이 다시 인간에서 동물로 바뀐 것은 인간 사회가 문명화되면서 인간의 희생이 너무 야만적으로 보였기 때문이다.

그렇다면 왜 인간은 희생제의를 하게 되었을까? 바타이유는 희생제의의 본령을 모든 종교의 목표인 존재의 연속성의 구현에서 찾는다.

> 희생물이 죽으면 참관자들은 그 죽음이 계시하는 본령에 참여한다. 종교사 연구자들의 말을 빌리면, 이 본령이 신성이다. 신성이란 엄숙한 의식이 집행되는 동안 그 불연속적 존재의 죽음을 참관하던 사람들에게 계시되는 존재의 연속성을 가리킨다. 격렬한 죽음은 불연속적 존재를 파괴시킨다. 침묵이 감돌고, 남는 것은 그 희생물이 도달한 존재의 연속성이다.(E89~90)

바타이유의 말을 우리 나름대로 다시 설명해보자. 『에로티즘』의 서문에서부터 바타이유는 불연속적인 우리에게 죽음이 존재의 연속성을 보장하는 의미가 있음을 역설한다. 육체란 우리의 존재를 경계 지우는 집이다. 그런데 죽음의 세계에서 육체라는 집, 즉 경계선은 이미 파괴되고 없다. 말하자면 죽음의 세계에서 우리는 더 이상 불연속적 존재가 아닌 것이다.

그리고 앞서 본 것처럼 성의 세계에서 우리는 더 이상 불연속적 존재가 아니다. 남자와 여자는 사랑의 절정에서 하나가 된다는 느낌, 즉 연속성의 감정을 공유한다. 또한 신의 세계에서도 인간의 육체는 의미가 없기 때문에, 존재의 불연속성은 거론의 대상이 될 수 없다. 다시 말해 존재의 연속성을 고리로 할 때, 성과 죽음과 종교는 하나이다.

　TV 프로그램 「동물의 왕국」에서 보듯, 자연에는 폭력이 넘쳐난다. 그러기에 폭력 없는 사회란 애초에 불가능한 꿈이며, 폭력을 부정하는 것은 마치 자연을 부정하는 것과 같다. 프랑스 인류학자 르네 지라르에 의하면, 희생제의란 인간에 내재한 뿌리 깊은 폭력의 욕망을 미리 해소시킴으로써 더 큰 폭력을 예방하는 행위인데, 『저주의 몫』 해설에서 상론한 바 있으므로 여기서는 설명을 생략하자.
　바타이유는 희생제의가 금기를 위반하는 시간이라는 사실을 강조한다. 그에 의하면, 인간은 폭력의 금기를 설정함으로써 동물로서의 자기 자신을 부정한다. 그런데 희생제의를 통해 폭력의 금기를 위반함으로써 인간은 인간으로서의 자기 자신을 부정한다. 주목할 것은 이 두 번째 부정이 애초에 부정했던 본능적 동물성으로의 회귀가 아니라 금기로써 성스럽게 만든 동물성, 즉 이름하여 신성에의 돌입을 의미한다는 사실이다. 희생제의의 폭력을 동물적 폭력으로부터 구별

지어주는 것, 그것은 바로 성스러움이다. 여기서 다시 한 가
지 사실을 짚어두자. 폭력 금기의 위반을 고리로 할 때, 성과
죽음과 종교는 하나이다.

폭력은 쾌감을 준다. 어린 시절 몽상 속에서 우리는 얼마
나 자주 무협소설의 주인공이 되어 사회의 악당들을 추풍낙
엽처럼 쓰러뜨리며 통쾌함을 느꼈던가. 폭력의 쾌감이라는
면에서 바타이유는 희생제의와 성행위를 구분하지 않았다.

희생제의에서 희생 제물은 죽기 직전까지 불연속적 개체
성에 갇혀 있다. 하지만 죽음의 순간, 희생 제물은 단말마적
공포와 극단적 고통 속에서 돌연 무한으로 향한다. 이 순간
그는 제의 집행자와 혼연일체가 되어 신성 속으로, 즉 경계도
한계도 없는 연속성의 세계로 들어가는 것이다.

성행위, 특히 순결한 처녀의 첫 번째 성행위도 순결한 제
물의 희생과 같은 의미를 지닌다. 제의 집행자인 남자는 희생
제물인 여자의 옷을 벗기고, 그 알몸을 파열시킨다. 여자는
고통과 공포를 느끼지만, 동시에 남자와 더불어 연속성을 느
낀다. 그리고 연속성의 열망이 강해지면 강해질수록, 수치도
공포도 고통도 사라진다. 그녀는 갑자기 생식기관에서 터져
나오는 성적 유희에 몸을 맡기며, 온몸을 파열시키는 동물적
폭력에 몸을 맡긴다.

희생제의는 외적 폭력이고, 성행위는 내적 폭력이다. 그러나 결과는 다르지 않다. 그것은 성기의 팽창과 피 흘림으로 나타난다. 그 피, 그 넘치는 생명력은 해부실의 그것과는 다르다. 고대인들의 감정은 과학이 아닌 내적 체험만이 되살릴 수 있다. 제물을 바치는 중에는 피가 솟구칠 듯 성기가 팽창하며, 비인격적 생명력이 솟구쳐 오른다.(E99)

육체는 때로 우리의 의지를 초월한다. 성행위는 성기를 피로써 팽창시킨다. 그리고 성의 금기가 아무리 강력하다 해도, 육체의 맹목적 유희는 그것을 뛰어넘는다. 바타이유는 희생제의도 마찬가지 견지에서 바라본다. 제의 집행자와 희생 제물의 육체는 생명과 죽음이 분출하는 피의 잔치 속에서 의지를 초월하여 전혀 뜻밖의 발작을 일으킨다. 바타이유의 연구에 의하면, 살해자와 피살자는 살해의 순간 육체의 팽창, 성기의 팽창이 발생한다고 한다. 그런데 이 점은 아쉽게도 독자들이 확인하기가 불가능하다. 분명한 사실은 성행위든 희생제의든 그 시간이 피가 솟구치는 광기의 시간이라는 것이다.

에로티즘

지금까지 여기저기서 산발적으로 살펴본 연속성, 폭력, 위반, 관능 등을 성행위 자체에 초점을 맞추어 설명해보자.

생식, 즉 아기의 탄생을 목적으로 하는 성행위는 일종의 성장 행위이다. 이때의 성장이란 곧 종족의 번식을 의미한다. 에로티즘은 생식을 목적으로 하지 않는 성행위로서 문자 그대로 에너지의 '비생산적 소비' 행위이다. 기독교 사회, 이슬람 사회, 유교 사회 등 노동을 강조하는 세계에서 에로티즘이 위반의 행위, 저주받을 행위로 낙인찍힌 것은 이런 면에서 당연한 일이었다.

그렇다면 왜 인간은 저주받은 에로티즘에 이토록 간절히 매달리는 것일까? 인간도 동물처럼 생식을 위한 본능적인 성행위에 그칠 수는 없는 것일까? 이런 의문에 답할 수 있는 것은 오직 한 가지, 에로티즘이 가능하게 하는 존재의 연속성의 체험인데, 이에 대해서는 이미 충분한 설명이 이루어졌으므로 부언하지 말자. 다만 다시 한 번 강조해야 할 것은 연속성의 체험에 대한 갈망이 야기하는 비정상적 행동, 비이성적 행동, 비일상적 행동이다.

만일 육체적 쾌락이 문제라면, 인간은 성적 결합과 다른 방식으로도 얼마든지 그것을 얻을 수 있을 것이다. 바타이유가 보기에 인간이 에로티즘을 위해서 재산도, 명예도, 심지어 목숨도 내놓을 수 있는 것은 바로 연속성의 구현 때문이다. 연인과 연인은 서로에게서 연속성의 가능성을 보며, 그 가능성을 현실로 만들기 위해 서로에게 집요하게 파고든다. 상대방의 자아와 자신의 자아를 합치려는 충동은 너무도 강렬해서 그 어떤 파열의 고통도 감내할 수 있게 한다. 연속성의 염원, 그것을 향한 생식기의 팽창 속에서는 의지도 윤리도 전혀 문제가 되지 않는다.

> 성기의 팽창은 인간적인 일상적 질서에 낯선 격앙을 초래한다. 피가 솟구치면서, 생활의 균형이 흔들린다. 갑자기 열병이 우리를 점령하는 것이다. (중략) 그런 열병에 사로잡힌 아름다운 여인을 몰래 볼 기회가 있다면 우리는 놀라지 않을 수 없을 것이다. 그녀는 마치 광견병에 걸린 여자 같다. 그토록 고고하던 자태와 인격은 간데없고 오직 미친 암캐가 날뛰고 있는 것이 아닌가. 그러나 그것을 병이라고 볼 수는 없다. 잠시 인격이 죽는다. 잠정적인 그녀의 죽음은 암캐에게 자리를 내주고, 암캐는 죽은 그녀의 부재를 누린다. 그것도 마구 소리를 지르며…… 인격이 돌아오면, 암캐는 꼬리를 감추고, 관능도 막을 내린다.(E115~116)

바타이유에 의하면, 성행위는 "가장 강렬하면서도 가장 의미 있는 발작"이다.(E112) 광기 어린 발작, 극진한 결합 속에서 비록 한순간일망정 연속성이 체험된다. 그런데 이 결합의 발작에는 반드시 파열, 즉 폭력이 개재된다는 사실을 잊지 말아야 할 것이다. 바타이유는 폭력과 관능의 관계를 설명하기 위해 다소 엉뚱한 예를 들었다. "많은 여자가 강간당한 이야기를 주고받으며 즐기지 않는가." (E116) 우리는 이 예가 얼마나 설득력이 있는지 알지 못한다. 그러나 지금까지 얻은 지식을 토대로 이 정도 주장은 할 수 있지 않을까? 파열, 즉 폭력 금기의 위반은 지극한 관능을 불러일으킬 수 있다.

> 쾌락의 현현 없이는 금기가 있을 수 없고, 금기의 느낌 없이는 쾌락이 있을 수 없다.[32](E117)

물론 금기를 모르는 유아기에도 성적 충동이 있지만, 유아기의 쾌락은 인간적 차원의 쾌락이 아니다. 요는 위반이다. 노동과 위반은 모두 인간 고유의 현상이다. 인간이 노동 행위를 조직적으로 수행했듯, 넓게 보면 위반 행위도 조직적으로 수행한다. 결혼은 성 금기의 위반을 조직적으로 수행한 전형적 예이다.

결혼

결혼은 무엇보다 성행위와 관련된 사회적 행동이다. 결혼이 성행위를 전제로 하는 이상, 결혼은 위반일 수밖에 없다는 것이 바타이유의 생각이다. 다만 결혼은 희생제의의 살해처럼 사회가 공식적으로 인정하는 위반이다. 이를테면 결혼 첫

날밤의 성행위는 "허락받은 강간"이다.(E120) 수차 강조한 대로 성은 온갖 모순과 역설에 싸여 있거니와, 성을 전제로 하는 결혼 역시 마찬가지이다.

에로티즘과 관련하여 결혼이 지니는 함정은 습관이다. 무한히 허용되는 위반은 더 이상 위반이 아니다. 간단히 말해 결혼은 성행위를 습관화하고, 습관적 성행위에는 위반의 느낌이 약화되고, 위반의 부재는 관능의 부재를 야기한다. 만일 혼외정사가 에로티즘을 증폭시킬 가능성이 있다면, 거기에는 육체적인 이유보다 정신적인 이유가 더 클 것이다. 다시 말해 혼외정사에 흥분, 기대, 죄의식이 소용돌이치는 강렬한 위반의 느낌이 없다면, 그것은 격렬한 에로티즘을 불러일으키기 힘들 것이다.

다른 한편 바타이유는 결혼에서 진정한 에로티즘의 가능성을 보기도 한다. 결혼의 성행위는 충동적 성행위와 달리 충분한 시간을 가지고 깊이 음미할 수 있게 한다. 그리고 결혼의 성행위라고 해서 무조건 위반의 느낌을 구가할 수 없는 것이 아니다. 에로티즘의 열쇠는 변화에 있는데, 부부는 습관 대신 변화를 택할 수 있다. 그리하여 바타이유는 결혼에도 불구하고 변함없는 에로티즘을 구현하고 싶다면 "정상적으로 인정되지 않은 사랑"에 한 발을 들여놓을 수밖에 없다고 말한다.(E122) 여기서 그는 부부간에 합의된 변태 행위를 권하고 있는 것일까? 그렇게 보이기도 한다. 그러나 동시에 그는 성생활이 끝없는 변칙의 연속으로 채워진다면 결국 "동물의 짓뭉개기"에 가까운 보잘것없는 것으로 추락하고 말리라고 경고한다.(E122) 이처럼 에로티즘은 모순과 역설로서 정의되는, 다시 말해 정의가 불가능한 대상이다. 『에로스의 눈물』의 「서문」을 보라.

> (이성의) 격렬한 지양에 의해 나는 웃음과 흐느낌의 무질서 속에서, 나를 짓부수는 흥분의 과잉 속에서 공포와 관능의 유사성을, 마지막 고통과 참을 수 없는 환희의 유사성을 깨닫는다![33]

에로티즘 속에서는 공포와 관능, 고통과 환희, 동물성과 신성이 뚜렷이 구분되지 않는다. 에로티즘이 이성과 논리에 바탕을 둔 과학으로 완전히 설명될 수 없는 까닭, 우리가 오직 현기증 나는 내적 체험으로만 그것을 간직할 수 있는 까닭도 여기에 있을 것이다.

축제

모두가 위반하는 금기가 금기일 수 없듯, 아무도 위반하지 않는 금기 또한 금기일 수 없다. 따라서 금기는 반드시 위반을 필요로 한다. 금기, 단순하게 말해 윤리에 기반하고 있는 인간

사회에서 축제가 반드시 존재하는 것은 이런 이유에서이다.

축제는 위반을 공식적으로 허용함으로써 금기의 존재를 공동체 구성원 모두에게 각인시키는 시간이다. 예컨대 브라질의 '리오의 축제'에서는 무희가 알몸이 거의 다 드러나도록 옷을 벗은 채 백주대로에서 춤을 추며, 구경꾼들은 거기서 눈을 떼지 못한다. 축제가 우리를 설레게 한다면, 그것은 거기에 위반이 있고, 그 위반이 우리에게 관능을 주기 때문일 것이다. 이를테면 리오의 축제에서 '알몸'이라는 위반을 긴장과 더불어 만끽함으로써, 시민들은 '알몸'이 금기임을 다시 한 번 인식한다.

일상생활은 폭력 충동을 금기로써 억압하기만 할 뿐, 배출할 기회를 거의 주지 않는다. 축제는 공인된 일탈, 위반, 전복의 시간이다. 그러므로 정도의 차이는 있을망정 통음난무가 없는 축제란 상상할 수 없다. 고대사회에는 흔히 격정적인 통음난무 축제가 있었는데, 쉬운 예로 그리스·로마 시대의 디오니소스제를 생각하면 될 것이다. 바타이유는 통음난무 축제를 금기와 위반을 둘러싼 오묘한 진실, 즉 신성을 체험하는 계기로 간주했다.

원칙적으로 전쟁은 정치적 음모의 결과가 아니며, 제사는 주술이 아니며, 통음난무는 수확의 기원이나 비옥한 토지의 염원이

아니다. 전쟁, 제사, 통음난무는 금기라는 같은 뿌리에서 자라
난 것들이다. 살해, 성적 폭력 등을 저지하는 금기가 그것들을
낳았다는 말이다.(E126)

통음난무 축제의 본질적 양상은 노동의 세계를 자연의 세
계, 본능의 세계, 폭력의 세계로 뒤집는 데 있다. 거기서는 아
무나 붙들고 춤을 추고, 아무나 붙들고 입맞춤을 한다. 축제의
흥분, 위반의 감정이 절정에 이르면 성과 폭력이 범람한다. 초
기 디오니소스제에서 무녀들은 광란이 극에 달하면 젖먹이
아기를 산 채로 뜯어먹기도 했다고 한다. 위반 없이 (금기 저
너머) 신성을 어떻게 알랴, 이것이 그들의 생각이었다. 평소에
금기로써 신성시했던 모든 것이 봇물 터지듯 노출되었고, 일
상생활에서 강고하게 유지되던 인간 조건이 대번에 초월되었
다. 이런 광란과 위반의 절정에서 고대인들은 말로 설명할 수
없는 전율적 신성을 느꼈음이 틀림없다. 그리고 이런 극단의
위반은 궁극적으로 성행위를 능가하는 에로티즘을 불러일으
켰을 텐데, 왜냐하면 에로티즘은 한계 없는 위반이 받아들여
질 수 있는 상황, 즉 저주의 영역에서 절정에 이르기 때문이
다. 한마디로 고대의 축제는 술의 도취, 성적 에로티즘, 종교
적 법열이 현기증 나는 윤무를 벌이는 장소였다. 현기증은 덜
할망정 현대의 축제 역시 이런 윤무와 무관하지 않을 것이다.

매춘

에로티즘을 탐구하려는 학자는 영원한 술래를 할 각오를
하지 않으면 안 된다. 이런가 하면 저렇고, 저런가 하면 이렇
다. 에로티즘의 유일한 진실, 즉 모순과 역설은 동일한 행위
를 상황에 따라 환희의 계기로 만들기도 하고, 환멸의 계기로
만들기도 한다. 결혼의 반복적 성행위가 에로티즘을 약화시
키기도 하고 강화시키기도 하듯, 매춘의 일탈적 성행위도 똑
같은 양면성을 지닌다.

통상 성행위는 남자가 여자를 욕망하는 데서 시작한다. 말
하자면 여자는 남자의 욕망의 대상이다. 그런데 여자가 매양
기다리기만 하는 것은 아니다. 여자는 남자의 욕망을 자극하
며, 남자로 하여금 자신을 쫓아오게 만든다. 여자가 몸을 치
장하는 행위[30], 옷을 벗는 행위는 스스로를 욕망의 대상으로
제시하는 행위이다. 매춘은 바로 이 욕망의 대상화 기능에서
비롯한다. 자신을 욕망의 대상으로 만들 수 있다는 것은 자신
을 매매의 상품으로 만들 수 있다는 것이다. 바타이유는 인류
의 역사에서 두 가지 종류의 매춘, 즉 '신성한 매춘(prostitution
sacrée)'과 '천박한 매춘(basse prostitution)'을 보았다.

신성한 매춘

기독교 이전 고대 종교에서는 신성한 의미를 지닌 매춘이

존재했다. 매춘은 일탈이요 위반이었는데, 고대인들은 거기에 일정한 양식을 부여했다. 축성된 장소에서, 신성과의 접촉을 유지한 채 성행위를 하는 매춘부들은 사제의 그것에 버금가는 신성을 부여받았다. 고대사회에서 매춘은 결혼을 보완하는 형식이었음이 틀림없다.

여자는 자신을 남자의 욕망의 대상으로 제시하지만, 정작 남자가 달려들면 일단 달아나는 동작을 취한다. 여자의 경우 위반의 죄의식을 수줍음으로 표현한다고 할 수 있다. 오묘하게도 남자의 욕망에 불을 지르는 것은 이 부정(否定), 이 수줍음이다. 그런데 결혼의 경우 진정한 수줍음, 진정한 위반은 첫날밤 한 번뿐이다. 날이 갈수록 위반의 느낌도, 수줍음도 희미해진다. 신성한 매춘이 개입하는 것은 이 시점이다. 고대사원의 매춘부는 두려움, 수줍음, 도피 반응 등 첫 경험의 원칙을 엄격하게 지킴으로써 남자에게 강렬한 위반의 느낌을 불러일으켰다. 고대사회에서 종교적 매춘의 목적은 다름 아닌 신성의 진실, 즉 성과 폭력과 종교의 불가분의 관계를 재인식시키는 데 있었다.[35]

천박한 매춘

바타이유가 말하는 '천박한 매춘'은 오늘날 우리가 알고 있는 매춘을 가리킨다. 그는 그리스·로마 시대 지배계급의 특권과 룸펜 프롤레타리아 계급의 비참이 합쳐져 천박한 매춘을 낳았다고 확신한다. 극도의 비참은 금기의 준수를 불가능하게 함으로써 극도의 함몰을 유발한다. 금기가 엄존하는 사회에서 함몰에 빠진 여자는 자괴감에서 스스로 동물 이하의 수준으로 내려가며, 타인으로부터도 동물 이하의 취급을 받는다.

매춘은 위반을 일상화하는데, 일상화한 위반은 더 이상 위반이 아니다. 그러므로 매춘부의 위반은 진정한 에로티즘을 구현하기 힘들다. 평범한 여자의 경우 생식기의 표현은 극단적 위반 행위이며, 그러기에 때에 따라 남자를 강렬하게 자극할 수도 있다.

> 평범한 여자가 애인을 포옹하면서 "나는 당신의 XX를 사랑해요."라고 한다면, 그것은 "지상의 관능은 그리고 유일한 관능은 확실하게 악을 자행하는 데 있다."고 한 보들레르의 말과 다르지 않은 말이다. (중략) 그녀가 사랑하는 성기는 처음에는 저주의 대상이었다. 끔찍한 성기는 그녀를 점점 더 무섭게 한다. 그런데 어느 순간 그녀는 그것을 초월하는 것이다.(E153)

그런데 노골적인 성행위, 욕설, 변태 행위 등을 천연덕스럽게 행하는 매춘부에게 금기는 더 이상 공포도 신성도 불러일으키지 않는다. 매춘부의 생식기 표현은 위반의 행위가 아니라 저속한 행동일 뿐이다. 요약하자면 천박한 매춘을 통해서는 진정한 위반이 불가능하기에 진정한 에로티즘이 불가능하며, 진정한 에로티즘이 불가능하기에 신성의 체험이 불가능하다.

기독교 시대가 시작되면서 매춘은 신성의 의미를 완전히 제거당한 채 오직 타락과 불경을 뜻하게 되었다.[36] 기독교 사회에서 매춘부는 악마, 즉 동물성의 상징이었다. (기독교의 악마가 동물성을 가리키는 꼬리를 가진 것을 상기하자.) 그런데 마술사들을 화형에 처한 중세 교회가 매춘부들을 살아남게 한 이유는 무엇일까? 그것은 매춘부들이 죄악의 산 증거였던 만큼 매춘부의 존재 자체가 기독교의 순결성을 부각시켰기 때문이다. 결국 고대사회의 지배계급은 에로티즘을 부와 힘, 즉 권력이라는 허위에 종속시켰고, 기독교는 동물적 외설성이라는 그 부정적 측면을 돌이킬 수 없는 것으로 만들었다. 전체적으로 볼 때, 에로티즘의 경직과 탈선은 현대 산업사회로 들어서면서 더욱 심화되었다고 말할 수 있다.

아름다움과 더럽히기

바타이유는 『에로티즘』의 이론적 성찰의 종결부에서 다시 한 번 모순과 역설에 찬 주장을 전개한다. 탄생 과정을 볼 때 에로티즘은 인간을 동물로부터 구분하는 변별점 가운데 하나였다. 그런데 바타이유가 말하는 에로티즘의 비밀은 다시 '인간을 동물로 만들기'에 있다.

예컨대 남자는 육체적으로 아름다운 여자를 탐한다. 먼저 '아름다움'을 규정해보자. 물론 그것은 시공간에 따라 그리고 주관적 기준에 따라 차이가 있겠지만, 대체로 우리가 공유하는 아름다움의 판별 기준은 동물성으로부터의 거리인 것으로 보인다. 만일 신체의 일부나 생리적 행위를 노골적으로 드러내는 여자가 있다면, 그 여자는 남자의 욕망을 자극하지 못할 것이다. 좀 전에 에로티즘의 비밀은 '인간을 동물로 만들기'에 있다고 했다. 아름다움의 규정에 기대어 이 말을 다시 정리하면, 에로티즘의 비밀은 아름다움 자체 혹은 아름다움을 찬양하기가 아니라 '아름다움을 더럽히기'에 있다.

아름다움을 더럽힌다고? 그렇다. 예를 들어 남자가 아름다운 여자, 즉 동물성과 거리가 더 먼 여자를 탐낸다면, 그것은 그 여자를 소유하면서 드러날 동물성이 더 큰 기쁨을 주기 때문이다. 바타이유가 레오나르도 다 빈치의 사랑의 인류학을 당치 않은 것으로 일축하는 것은 이런 까닭에서이다.

"성행위에 사용되는 신체의 부분들과 성행위 자체는 어떻게나 추한지, 만일 그 행위를 하는 자들의 얼굴이 아름답지 않았다거나, 그 행위를 하는 자들이 예쁜 몸단장을 하지 않았다거나, 또는 그들에게 광적인 충동이 없었다면 인간이라는 종은 자연에서 이미 사라지고 없었을 것이다."라고 레오나르도 다 빈치는 그의 『수첩 Carnets』에서 인상 깊게 말했다. 그렇지만 그는 아름다운 얼굴과 아름다운 옷이 왜 매력적인지, 그것들이 그 뒤에 숨기고 있는 것이 무엇인지 몰랐던 듯하다. 에로티즘에서 중요한 것은 그 얼굴, 그 아름다운 얼굴을 모독하는 일이다. 모독의 방법은 여자의 숨겨진 부분을 드러내어 거기에 음경을 삽입하는 일이다.(E162)

아름답다고 여기는 것은 소유하고 싶다고 여기는 것이다. 그리고 소유하고 싶다는 것은 더럽히고 싶다는 것이다. 꽃을 소유하기를 원하는 자는 꽃을 꺾게 마련이다. 요는 아름다움을 찬양하기가 아니라 '아름다움을 더럽히기'이다. (포르노그래피는 그 점을 잘 알고 있는 듯하다.) 매춘부가 아무리 아름다울지라도 남자에게 진정한 에로티즘을 주지 못한다면, 그것은 매춘부가 이미 더럽혀져 있기 때문이다.

에로티즘의 묘미는 역설의 진실에 있음을 잊지 말자. 만일 동물성으로부터 완전히 벗어난 여자가 있다면, 예컨대 동물성의 상징인 체모가 하나도 없는 여자가 있다면, 우리는 그 여자를 더욱 매력적이라고 여길까? 전혀 그렇지 않다. 우리가 섹시하다고 말하는 여자는 아름다움 뒤에 끈끈하고 은밀한 동물성을 감추고 있는 여자이다. 만일 성적 결합의 순간에도 끝없이 정숙한 태도를 취하는 여자가 있다면, 그녀는 진정한 욕망의 대상이 되기 어려울 것이다. 아름다운 여자의 알몸, 음부, 체모가 우리를 긴장시키는 것은 그것이 동물성을 암시하기 때문이다. 평소의 정숙한 신성과 성행위의 불타는 동물성의 대비가 크면 클수록 에로티즘은 증폭된다. 바타이유가 에로티즘에서 아름다움이 가장 중요하다고 말하는 것은 이런 의미에서이다.

악의 꽃

고대 종교는 금기의 위반을 신성의 체험의 계기로 보았다. 기독교의 변별성은 위반과 신성의 관계를 근본적으로 부인한다는 데 있다. 기독교는 성적·폭력적 제의를 통해 존재의 비밀에 다가가려는 인간의 의지를 사악한 것으로 몰아붙였다. 존재의 연속성을 추구하는 에로티즘은 당연히 거부되며, 심지어 단죄된다. 존재의 연속성 대신 기독교가 선택한 것은 존재의 불멸성이다. 영혼 불멸이란 죽어서도 자신의 개체, 즉 자아가 계속되리라는 믿음에 근거한다. 말하자면 기독교는 놀랍게도 존재의 영원한 불연속성을 구원의 길로 택한 것이다. 기독교의 천국은 다름 아닌 불연속적 개체로서의 영혼들의 세계이다.

그런데 신에 의해 선택받은 사람들이 있다면, 신에 의해 버림받은 사람들도 있을 것이다. 바타이유가 보기에 기독교의 가장 큰 문제 중의 하나는 바로 이 선악이원론에 있다. 기독교는 모든 것을 둘로 나누어 한쪽은 빛의 세계에, 다른 한쪽은 어둠의 세계에 편입시켰다. 그리하여 세계는 선과 악, 순결과 불결, 천사와 악마로 나뉘었고, 내세마저 천국과 지옥으로 나뉘었다. 반면 고대사회에서 선과 악, 순결과 불결, 절제와 폭력은 모두 신성을 구성하는 요소로서 하나의 전체를 이루고 있었다.

바타이유는 기독교가 에로티즘에 도덕적 기준을 적용한 것을 한탄했다. 도대체 욕망이 선악과 무슨 상관이 있단 말인가. 그럼에도 기독교는 신성화한 동물성을 탐험하고자 하는 위반의 신을 악마라고 부르며 배척했다.[37] 일용할 양식을 생산할 노동력을 주신 신에게 감사드리는 나날로 구성되는 기독교적 인간의 삶에서 에너지의 상실을 야기하는 에로티즘은 더 이상 설 자리가 없었다. 고대사회에서 신성에 이르는 지름길로 축성되었던 그 에로티즘이 말이다.

『에로티즘』을 통해 바타이유는 중세 기독교 사회에서 현대 산업사회까지 '저주의 몫'으로 낙인찍힌 에로티즘을 객관적으로 바라보고, 거기에 정당한 위상을 부여하기 위해 심혈을 기울였다. 그는 보들레르에 뒤이어 '악'에서 '꽃'을 보았다. 『악의 꽃』의 해설서와도 같은 『에로티즘』에서는 과연 악과 꽃, 동물성과 신성, 공포와 유혹, 금기와 위반이 한데 어울려 떼려야 뗄 수 없는 짝을 형성하고 있다.

모순과 역설은 에로티즘의 본성에 앞서 인간의 본성일 것이다. 우리는 때로는 금기를 지키는 데 혈안이 되고, 때로는 위반을 감행하는 데 혈안이 된다. 우리는 때로는 연속성의 열락을 희망하고, 때로는 불연속성의 고독을 희망한다. 그리하여 우리는 지혜롭게도 또는 음험하게도 모순된 두 항의 양립을 모색한다. 이를테면 금기를 완전히 와해시키지 않으면서 순간순간 위반의 관능을 만끽하고자 한다. 혹은 불연속적 존재를 포기하지 않으면서 순간순간 연속성을 음미하려 한다. 해결책이 있을까? 이를테면 욕망의 밑바닥까지 가 닿고서도 죽지 않는 길이 있을까? 바타이유는 이렇게 답한다. 죽지 않으면서 죽음 저편의 세계로 살짝 넘어갔다 오는 길, 그리하여 욕망도 살리고 우리도 살리는 길, 에로티즘이 바로 그 길이다.

4부

조르주 바타이유
— 의미, 한계, 결과

정치, 사회, 경제, 문화, 예술의 영역에서 바타이유의 독창적 발언의 영향력은 여전히 현재진행형이라고 할 수 있다. 특히 과잉, 일탈, 전복, 증여, 소비, 에로티즘 등이 문제될 때에는 어김없이 바타이유가 인용된다. 최근에도 두 세미나가 바타이유의 저작이 오늘날 가질 수 있는 의미를 측정하려 애썼는데, 1993년 오를레앙(Orléans)에서 행해진 「다시 문제는 바타이유다 Georges Bataille après-tout」와 1995년 파리에서 행해진 「바타이유의 요구 Exigence de Bataille」가 그것이다. 두 세미나는 바타이유의 사상이 그 받아들이기 힘든 양상에도 불구하고 혹은 그 받아들이기 힘든 양상 덕분에 시공을 초월한 고전이 될 것임을 장담하고 있다.

의미 : 인간이란 무엇인가

모든 학문의 출발점은 정히 '무엇인가'라는 질문, 즉 인식
론적 질문에 있다. 문학이란 무엇인가? 예술이란 무엇인가?
말을 한다는 것은 무엇인가? 글을 쓴다는 것은 무엇인가? 삶
이란 무엇인가? 죽음이란 무엇인가……? 무릇 세계의 운행
원리를 알고자 하는 이라면 이 '무엇인가'라는 질문에 익숙
해지지 않으면 안 된다. 『저주의 몫』과 『에로티즘』을 통해 바
타이유가 던지는 질문은 바로 이것이다. 인간이란 무엇인가?
세계보건기구(WHO)에 따르면, 오늘도 40초당 1명이 자살하
고, 60초당 1명이 살인하고 있다. 인간이란 무엇인가? 바타이
유 저술의 본질적 의미는 바로 이 질문에 대한 대답의 모색에
있다.

욕망하는 기계로서의 인간

　라캉은 요구(demande), 욕구(besoin), 욕망(désir)의 차이를 이렇게 설명한다. '욕구'는 유기체의 필요에 따른 생물학적 본능인즉, 가장 간단한 예는 먹이에 대한 욕구일 것이다. 인간의 아이는 스스로 욕구를 충족시킬 수 있을 정도로 자라기 전에는 울음이라는 '요구'를 통해 어머니에게 자신의 욕구를 표현한다. 그런데 아기는 타자인 어머니와 관계를 맺는 즉시 욕구 외에 사랑을 '욕망'하게 된다. 말하자면 아기는 자신의 요구에 욕구의 표현과 사랑의 욕망을 동시에 싣는 것이다. 한편 어머니는 아기의 욕구에는 완벽하게 응할 수 있지만, 사랑에는 완벽하게 응할 수 없다. 욕망은 바로 아기의 요구에서 충족되지 않은 부분, 즉 결핍된 부분을 가리킨다. 라캉이 말하는 욕망을 공식화하면 이렇다.

요구－욕구＝욕망

　욕망은 결핍에서 온다. 그런데 인간은 영원히 이 결핍을 채울 수 없다. 하나의 결핍을 채우면, 또 다른 결핍이 온다. 속담대로 말 타면 경마 잡히고 싶은 것이 인간이다. 욕망을 채울 수 있다는 것이 허구이듯, 욕망을 비울 수 있다는 것은 오만이다. 채울 수도 비울 수도 없는 욕망……. 인간의 번뇌는 바로 여기에 있다. 영원히 결핍을 느끼는 존재인 한, 들뢰즈(Gilles Deleuze)의 말대로 인간은 욕망하는 기계일 수밖에 없다.

바타이유의 저술은 욕망의 제어가 불가능함을 잘 보여준다. 이성은 욕망이 우리를 태워 없애기 전에 욕망의 불길을 잡으려 했다. 금기는 바로 욕망의 제한적 죽음을 유도하기 위한 이성적 장치이다. 그러나 알다시피 욕망은 이내 금기라는 독을 약으로 만들었다. 『저주의 몫』과 『에로티즘』을 통해 우리는 욕망이란 결국 금기와 위반이 맺는 역설의 윤무이며, 인간이란 근본적으로 생산의 이성보다 소비의 욕망에 의해 규정되는 존재임을 이해하게 되었다.

자연의 본질과 소비의 욕망

『저주의 몫』을 다시 한 번 요약하자. 태양에너지가 우리에게 조건 없이 무한정 주어지는 이상, 우리는 공멸을 피하기 위해 과잉 에너지를 소모하지 않으면 안 된다. 다시 말해 지구의 존재 조건, 그것은 에너지의 축적이 아니라 에너지의 소비에 있다.

사실 누가 뭐라 해도 자연의 본질은 생산이 아니라 소비에 있는 것이 아닐까? 참나무든 사마귀든 사자든 모든 생명체는 영양 섭취, 즉 먹기, 다시 말해 소비에 몰두하고 있다. 그 어느 생명체도 인간처럼 재화의 축적에 골몰하지 않는다. 간단히 말해 자연은 (태양이 선물한) 사물을 소비하기 위해서 존재한다.

『저주의 몫』이 발표된 시기의 서구 지식인들은 그 절대 다수가 케인즈의 자본주의 경제학 혹은 마르크스의 공산주의 경제학을 신봉했는데, 양자는 공히 생산의 경제학의 영역에 속한다. 축제, 기념물 건조, 사치, 화려한 제의, 도박, 예술, 에로티즘, 전쟁 없이 인류가 존속할 수 없다는 바타이유의 주장은 생산과 축적을 삶의 금과옥조로 여기던 시대정신에 비추어 그야말로 '정신 나간' 주장이 아닐 수 없었다. 그런데 바타이유의 '소비의 경제학'은 20세기 후반으로 가면서 그 정당한 빛을 발하기 시작했다. 20세기 후반 서구 사회는 대중소비의 길로 들어섰는데, 바타이유의 '소비의 경제학'은 대중소비사회를 설명하는 데 유용하기 그지없었다. 왜냐하면 대중소비사회에서 인간의 자기 정체성 확보는 바로 소비를 통해 이루어졌기 때문이다.

한편 '소비의 경제학'은 자본주의 경제의 모순과 공산주의 경제의 모순을 다 같이 보완하는 장점이 있었기 때문에 보드리야르를 비롯한 많은 사회학자, 경제학자, 인류학자의 관심을 끌었다. 기실 끝없이 확대재생산을 꾀하는 자본주의 사회는 늘 '내일 행복해지기 위해 오늘 허리띠를 졸라매라'라는 화두를 반복했다. 이 점에서 평등을 주장하는 공산주의도 전혀 다르지 않았다. 공산주의는 '능력에 따라 일하고 필요에 따라 가져가는 사회'라는 분배의 이상향을 실현할 수 있을 때까지 어떤 면에서 자본주의보다 더 가혹하게 허리띠를 졸라맬 것을 요구했다. 그런데 모스의 '증여론'에 바탕을 둔 바타이유의 '소비의 경제학'은 소비와 증여를 위해 당연히 축적보다는 분배를 강조했다. 말하자면 자연의 순리에 충실한 '소비의 경제학'은 '내일의 이상'보다 '오늘의 정의'를 역설했다.[1]

소비의 욕망과 에로티즘

'소비의 경제학'이라는 일반경제학의 관점에서 볼 때, 인간의 비생산적 소비 행위 가운데 가장 전형적이고 가장 일상적인 것이 바로 에로티즘이다. 바타이유가 '암흑의 작가'라고 불린다면, 그것은 그가 에로티즘이라는 저주의 영역의 해명을 인간 이해의 필수 조건으로 여기고 그 탐구에 일생을 바쳤기 때문일 것이다. 『에로티즘』은 바로 이 일생의 작업의 결실이다.

바타이유에 의하면, 에로티즘의 최종적 의미는 죽음에 있다. 인간은 성과 죽음이 뒤엉켜 마침내 경계가 없어진 듯 보일 때까지 자신의 욕망을 밀고 간다. 그리고 종교의 본질적 문제는 죽음인데, 죽지 않으면서 죽음을 맛보는 유일한 계기가 바로 에로티즘이다. 『에로티즘』의 결론은 과연 에로티즘의 심연, 죽음의 공포, 종교적 도취 사이의 일치로 요약된다. 바타이유의 저술에서 오르가즘, 죽음, 열반이 동일선상에 있음을 확인하기란 어려운 일이 아니다. 그리고 그는 우리가 일상의 영역에 머물러서는 결코 이 근본적 진리에 도달할 수 없음을 강조했다.

금기의 준수는 진실의 인식을 원천 봉쇄하는데, 왜냐하면 진실은 금기의 저편에 있기 때문이다. 푸코는 위반을 어둠 속의 번개에 비유했다. 어둠에 휩싸인 세상 만물에 돌연 섬광을 비추어 하나의 이름을 준 뒤 다시 어둠 속으로 사라지는 번개 말이다.[2] 위반은 금기의 어둠에 휩싸인 신성의 진실에 돌연 섬광을 비추어 하나의 이름을 준 뒤 다시 금기의 어둠 속으로 사라진다. 요컨대 금기의 주변에 소용돌이치는 동물성, 인간성, 신성의 비밀을 한순간이나마 풀고자 한다면, 우리는 위반에 기댈 수밖에 없다.

한순간이라고? 그렇다. 우리가 아무리 공을 들인다고 해도 에로티즘도 죽음도 인간도 결코 완전히 이해할 수 없다. 이 책에서 수없이 강조한 대로 성과 죽음, 즉 인간의 삶은 실로 모순과 역설로 가득 차 있다. 바타이유가 사디즘의 화신과도 같은 질 드 레와 엘리자벳 바토리의 이야기를 눈물 없이

하지 못한다고 고백했다면, 그것은 가해자에 대한 동정 때문도, 희생자에 대한 연민 때문도 아니다. 그것은 바로 폭력과 관능이 맺는 엽기적 모순의 관계 때문이다. 인간이란 진정 무엇일까?

『에로티즘』을 통해 바타이유는 우리에게 이렇게 말한다. 여기 이성, 노동, 문명이라는 얼굴에 가려진 광기, 폭력, 야만이라는 또 하나의 얼굴을 보라. 우리가 이 얼굴을 외면한 채 우리 자신을 다 알았다고 자부하는 것은 가소로운 일일 것이다. 동시대의 정치적·사회적 격랑 속에서 정작 바타이유 자신은 간혹 비정상의 탐구에 대해 회의를 품기도 했다고 한다. 그렇지만 적어도 일체의 기성 가치를 전복한 세대인 프랑스 68세대 이후 비정상, 즉 이면의 얼굴이 없는 바타이유를 누가 읽을까?

한계 : 글쓰기, 증여, 위반, 윤리

난해 또는 혼란

바타이유의 책은 일반적으로 대단히 난해하다고 평가받는다. 그러나 우리가 보기에 바타이유의 책은 난해하다기보다는 혼란스럽다. 바타이유는 이 개념에서 저 개념으로 마구 옮겨 다닌다. 마치 여러 개념을 공평하게 애무라도 하듯이, 하나라도 빠뜨릴까 조바심을 내면서, 그리고 비슷비슷한 주장과 예를 여기저기서 노심초사 다시 제시하면서……. 이런 구조적 맹점과 쉼 없는 동어반복이 마침내 독자로 하여금 길을 잃게 만들며, "바타이유는 어려워!" 하고 비명을 지르게 만든다.

사실 '비생산적 소비'와 '에로티즘'이 워낙 모순과 역설에 휩싸인 개념이기 때문에 혼란과 모호성은 어느 정도 불가피할 것이다. 그러나 이런 사정을 십분 감안한다 하더라도, 만일 바타이유가 어렵게 느껴진다면, 우리 생각에 그 책임은 독자보다 바타이유에게 훨씬 더 많다. 말하자면 바타이유 책의 난해함은 바타이유 사유의 난해함보다는 바타이유 글쓰기의 혼란함에 기인하는 바가 더 크다고 판단함이 옳을 것이다.

요점은 이렇다. 아무도 바타이유의 사유를 불필요하다고 말하지 않는다. 그렇지만 동시에 아무도 바타이유의 문체를 훌륭하다고 말하지 않는다. 이를테면 독자들이여, 이해가 가지 않는 것은 일단 우리가 아니라 바타이유 때문이라고 자위하자. 그리고 독자들이여, 바타이유의 혼란을 공유하지 않기 위해 다소 멀리서, 다소 거칠게, 그렇게 읽자. 그렇게 읽을 때, 바타이유의 사유가 드러내는 한계는 무엇인가?『저주의 몫』이 '소비의 경제학'이라는 말로 요약되는 일반경제의 총론이라면,『에로티즘』은 '비생산적 소비'의 핵심 분야를 다루는 일반경제의 각론이라고 할 수 있다. 차례로 보자.

일반경제의 문제와 윤리적 해결책

1925년에 발표된 모스의『증여론』의 결론은 인간의 윤리 회복에 대한 호소로 끝나고 있다. 모스는 사회보장제도라는 집단 도덕을 권한다. 사회보장제도의 완성을 위해 부자들은 고귀한 지출, 즉 '노블레스 오블리주'를 하나의 의무로 삼지 않으면 안 된다. 그런데 만일 부자들이 빈자들에게 시혜를 베풀지 않을 때에는 어떻게 할 것인가? 그에 대한 대답이 전무한 것은 『증여론』이 남기는 결정적 아쉬움이다. 그리고 이 아쉬움은 바타이유의 경우에도 마찬가지이다.

바타이유는 『저주의 몫』의 결론에서 마셜 플랜을 예로 들어 무상 증여의 중요성을 강조했다. 그런데 만일 미국이 마셜 플랜을 더 이상 추진하지 않을 때에는 어떻게 할 것인가? 적어도 지금까지의 역사를 보면, 부자들이 늘 후한 인심을 베풀지도 않았고, 미국이 늘 무상 증여를 행하지도 않았다. 아니 오히려 아흔아홉 개 가진 자가 한 개 가진 자에게서 그 한 개마저 빼앗아 백 개를 채우려고 한 것이 부자들의 태도요, 미국의 태도가 아니었던가? 그리고 역사는 공산주의 역시 증여 정신이라는 고대인의 지혜를 부활시키는 데 실패했음을 보여주었다.

모스와 바타이유는 모두 사회적·경제적 문제에 대해 윤리적·도덕적 해결책을 제시했다. 인간이 인간에게 신이 아니라 늑대가 된 사회에서 발생한 문제를 과연 윤리로써 해결할 수 있을까? 그리고 이 늑대인간들이 만든 성장 지향의 문명 세계에서 다시 축적 없이 소비하는 자연으로 되돌아간다는 것이 가능한 일일까? 어차피 문명이라는 것이 어느 정도의 축적 없이, 즉 어느 정도의 확대재생산 없이 구현하기 힘든 것이라면 말이다. 아무튼 『저주의 몫』이 종결부에서 권유하는 증여, 즉 구체적으로 말하자면 미국의 시혜라는 도덕적 결론은 너무나 공허했고, 알다시피 이 공허가 현실로 드러나는 데에는 그리 긴 시간이 걸리지 않았다.

에로티즘 인식의 내외적 한계

『에로티즘』을 통해 바타이유는 동시대의 성 담론을 지배했던 두 주요 사유를 모두 비판했다. 첫째, 성에 대한 과학적 탐구로서 '킨제이 보고서'를 들 수 있지만, 바타이유는 직접적 관찰과 체험이 아니라 설문 응답자의 진술에 의존하는 킨제이의 노력을 헛된 것으로 여겼다. 설문 응답자가 반드시 사실을 말해준다고 보기도 힘들뿐더러, 행위 방식, 빈도수, 나이, 직업 등의 통계학적 사실로써 성의 내밀한 진실이 규명될 수 없다는 것이다. 둘째, 바타이유는 자유연상에 근거한 환자의 이야기에서 상징의 고리를 찾아나가는 정신분석학이 자칫 문학 창작으로 끝날 가능성, 즉 구체적 사실과는 너무나 다른 추상으로 귀결될 가능성이 크다고 보았다. 그리하여 그는 구체적 사실에 대한 직접적 관찰과 내적 체험을 통해 성의 가감 없는 진실을 밝히고자 했거니와, 한계는 없는 것일까?

한계는 우선 에로티즘의 내적 조건 자체에 있다. 바타이유는 '인간을 동물로 만들기' '아름다움의 모독'에 에로티즘의 오묘한 진실이 있다고 결론지었다. 그러나 에로티즘에 이르는 통로는 '더럽히기'에만 있는 것으로 보이지 않는다. 예컨대 인도 에로티즘의 성전이라 할 수 있는 카마수트라는 '인간을 신으로 만들기' '아름다움의 숭배'를 권한다. 사실 부드러운 성적 흥분 상태의 여성의 표정만큼 신비한 혹은 신성한 표정이 어디에 있을까? 카마수트라의 에로티즘은 서로에 대한 지극한 사랑과 존중을 전제로 하고 있다. 에로티즘이란 무엇인가, 나아가 인간이란 무엇인가를 알기 위해서는 이런 연구로써 바타이유의 에로티즘론을 보완하지 않으면 안 될 것이다.

바타이유의 에로티즘론의 또 다른 한계는 에로티즘 이해의 외적 조건에 있다. 그가 킨제이와 프로이트를 비판하면서 내세운 '구체적 사실의 내적 체험'은 오직 위반을 통해서만 실현될 수 있다. 말하자면 금기의 위반 없이 진실의 인식은 없다. 그런데 위반은 언제나 윤리의 문제를 야기하며, 무릇 사회인으로서 이 윤리로부터 자유로울 수 있는 이는 아무도 없다. 게다가 위반은 늘 위험을 동반한다. 일설에 의하면, 바타이유와 그의 친구들이 희생제의를 실천해보기 위해 모였지만, 아무도 희생 제물이 되기를 원치 않아 시도가 실패로 끝났다. 그야말로 웃기는 동시에 서글픈 일화가 아닌가. 결론적으로 바타이유의 에로티즘론 역시 그가 비난한 정신분석학처럼 구체적 사실의 추상화로 귀결될 위험성은 얼마든지 있다고 해야 할 것이다.

종합적으로 볼 때, 에로티즘에 대한 바타이유 시각의 장점은 이성에 의해 가려진 인간의 뒷모습, 결코 지울 수 없음에도 불구하고 언제나 지우려고 애쓰는 그늘진 뒷모습을 드러낸다는 데 있다. 그런데 유념해야 할 것은 바타이유 읽기를 통한 성의 인간화는 도리어 성의 신성화를 조장하는 역작용을 일으킬 수도 있다는 사실이다. 이를테면 성의 복권을 빌미로 기존의 윤리를 싸잡아 위선이라고 주장할 가능성, 뒤집어 말해 성과 성 담론의 해방을 부르짖는 것은 언제나 옳다고 주장할 가능성을 항상 경계하지 않으면 안 된다.

한편 바타이유 자신도 자신의 에로티즘론의 한계를 일정하게 인식하고 있었던 듯한 발언을 하고 있어 주목된다. 이를테면 그는 『에로티즘』에서 뜬금없이 육체적 에로티즘을 보완하는 심정적 에로티즘의 중요성을 강조했다. 위반의 느낌, 즉 죄를 저지른다는 느낌은 육체적 에로티즘을 고양시킬 수 있다. 그러나 육체의 결합이 끝나고, 자아의식이 돌아오면 어떤가. 죄를 저질렀다는 느낌은 환희를 환멸로 바꾼다. 이 환멸의 심연을 메우는 길은 사랑, 즉 심정의 에로티즘밖에 없다. 사랑은 육체의 결합에 대해 죄의식을 느끼도록 만드는 것이 아니라 연속성을 느끼도록 만든다. 연속성의 추억이야말로 육체의 에로티즘과 심정의 에로티즘 모두를 진정 황홀하게 만드는 질료가 아닐까? 바타이유에게도 정신적 사랑이 여전히 중요했음을 잊지 말자.

결과 : 푸코의 최고 작가

바타이유와 현대사상

이 책의 서론에서 말했듯 오랫동안 '오물의 작가'라는 혹평을 받아오던 바타이유가 새롭게 주목을 받은 것은 프랑스 68혁명을 전후해서였다. 푸코, 라캉, 데리다 등 청년 사상가들이 이성의 절대적 힘에 의문을 제기하면서 광기에 건 저주의 주문(呪文)을 푸는 데 평생을 바친 바타이유의 사유가 프랑스 지식인 사회에 비상한 영향을 미치기 시작했다. 1969년 푸코는 이렇게 말했다.

오늘날 우리는 알고 있다, 바타이유가 금세기의 가장 중요한 작가 가운데 하나임을.[3]

기존의 지식 체계에 대한 전복의 철학자라는 점에서 바타이유는 니체, 마르크스, 프로이트의 후예이다. 68혁명 이후 청년 지식인들은 그들대로 바타이유의 후예, 즉 전복의 철학자가 되기 위해 줄을 섰다. 분야별로 살펴보자.

과학으로 환원되지 않는 문학은 통상 삶의 온갖 가능성이 탐색되는 특별한 장(場, champ)을 구성한다. 바타이유의 한계체험과 한계의 글쓰기에 맨 먼저 따듯한 시선을 보낸 것은 소설가 솔레르스가 주도하고 바르트, 데리다, 푸코, 크리스테바 등이 참여한 '텔켈(Tel Quel)' 그룹이었다. 1972년 이 그룹은 바타이유에 관한 최초의 중요한 세미나를 개최했는데, 제목은 「문화혁명을 향하여 : 아르토와 바타이유 Vers une révolution culturelle : Artaud, Bataille」였다. 말하자면 그들은 바타이유를 로트레아몽(Lautréamont), 조이스(James Joyce), 아르토(Antonin Artaud)의 곁에 놓음으로써 현대문학을 이끈 전위로서 인정했다.

철학의 영역에서 바타이유를 가장 잘 활용한 이는 데리다였다. 데리다는 기존의 형이상학, 즉 남성/여성, 본질/현상, 내용/형식, 낮/밤, 이성/감성 등 모든 것을 둘로 나누어 한쪽을 우월한 것으로, 다른 한쪽을 열등한 것으로 간주하는 이분법적 사고를 해체하고자 했다. 데리다의 고백에 의하면, 소위 해체주의의 가장 굵은 젖줄 중의 하나는 바타이유의 전복적

사유에 있었다.[4]

정신분석학자 라캉은 바타이유의 지기(知己)였으며, 바타이유의 첫 번째 아내 실비아 마클레(Sylvia Maklès)와 결혼한 것으로 유명하다. 그는 여성 쾌감의 이질성(hétérogénéité)에 대한 바타이유의 성찰을 각별히 주목했다. 바타이유가 보기에 여성의 쾌감에는 정신적·종교적 측면이 깊이 드러난다. 그에 의하면, 신을 영접하는 성녀 테레사의 황홀한 표정과 오르가즘을 느끼는 여성의 황홀한 표정 사이에는 아무런 차이가 없다.[5] 라캉은 그의 「세미나 20 Séminaire XX」에서 이 문제를 집중 조명했다.

푸코의 『광기의 역사』(1972)는 20세기 후반 역사 연구의 영역에서 탄생한 가장 중요한 저술 가운데 하나이다. 바타이유의 비정상 연구의 연장선상에 위치하는 이 책은 광기 그 자체의 역사로서 제시된다. 이 책이 사유의 영역에서 '광기'를 복권시키는 데 얼마나 큰 역할을 했는가에 대해서는 누누이 설명할 필요가 없으리라.

이외에도 보드리야르의 작업이 보여주듯 정치, 사회, 경제의 영역에서 바타이유의 독창적 발언의 영향력은 여전히 현재진행형이라고 할 수 있다. 특히 과잉, 일탈, 소비, 에로티즘 등이 문제될 때에는 어김없이 바타이유가 인용된다. 최근에도 두 세미나가 바타이유의 저작이 오늘날 가질 수 있는 의미를 측정하려 애썼는데, 1993년 오를레앙(Orléans)에서 행해진 「다시 문제는 바타이유다 Georges Bataille après-tout」와 1995년 파리에서 행해진 「바타이유의 요구 Exigence de Bataille」가 그것이다. 두 세미나는 바타이유의 사상이 그 받아들이기 힘든 양상에도 불구하고 혹은 그 받아들이기 힘든 양상 덕분에 시공을 초월한 고전이 될 것임을 장담하고 있다.

길잡이 또는 길동무

이제 장기판을 정리해야 할 시간이다. 바타이유라는 난적을 상대로 벌인 복잡하기 그지없는 한 판의 장기를 끝내는 지금, 후련함보다는 아쉬움이 훨씬 더 크게 밀려드는 것은 왜일까? 그것은 우리가 장기를 두는 내내 무엇인가 반칙을 범하고 있는 듯한 느낌을 지울 수 없었기 때문이다. 애초에 우리는 바타이유의 사유를 명쾌하게 규명할 수 있다고 자신하지 않았다. 왜냐하면 바타이유 자신이 누차 강조했듯 그의 사유대상인 비생산적 소비, 에로티즘 등 '저주의 몫'은 그 자체가 모순과 역설에 차 있는 것이기 때문이다. 다만 그의 사유를 알기 쉽게 교통정리 할 수 있다고 생각했던 것은 사실이다. 그것조차 오만이었을까? 바타이유의 사유를 소제목으로 분류할 때마다 매번 우격다짐이 아닐까 하는 염려를 떨칠 수 없었다.

책을 쓰는 동안 수없이 펜을 놓고 고개를 들었다. '이런 바타이유'를 들여다보고 있노라면, 으레 '저런 바타이유'가 거꾸로 우리를 들여다보고 있었다. 이 책이 바타이유를 알고 싶어 하는 독자들에게 길잡이 노릇을 제대로 할 수 있을지 걱정스럽다. 하기야 바타이유 자체가 하나의 함정일진대, 도대체 길잡이가 존재할 수 있을지 의문이지만 말이다. 이렇게 자위하자. 길잡이는 아니라 할지라도 적어도 길동무는 존재할 수 있지 않을까?

이 책은 지난 몇 년 간의 바타이유 독서를 종합하고 있다. 문장의 길이와 사유의 길이가 일치하도록 애를 썼지만, 그럼에도 독자가 답답해한다면 그것은 순전히 우리의 역부족 탓임에 틀림없다. 바타이유는 『저주의 몫』이 태양처럼 빛을 발해서 자신의 모든 작품을 눈부시게 비춰주기를 바란다고 말한 바 있다. 이제 우리가 태양처럼 빛을 발하는 책을 써서 『저주의 몫』을 눈부시게 비추어야 할 차례인데, 거듭 말하지만 부끄럽기 짝이 없다. 그러나 부끄럽다고 해서 이 책을 들고 바타이유라는 거봉을 정복할 기민한 독자들이 나오기를 바라는 소망마저 숨기지는 않겠다. 인식에는 지름길이 없으므로 쉼 없이 걸을 일이다. 우리처럼 함정에 빠진 독자들과 더불어……

"『에로티즘』을 통해 바타이유는 우리에게 이렇게 말한다. 여기 이성, 노동, 문명이라는 얼굴에 가려진 광기, 폭력, 야만이라는 또 하나의 얼굴을 보라. 우리가 이 얼굴을 외면한 채 우리 자신을 다 알았다고 자부하는 것은 가소로운 일일 것이다. 동시대의 정치적·사회적 격랑 속에서 정작 바타이유 자신은 간혹 비정상의 탐구에 대해 회의를 품기도 했다. 그렇지만 적어도 일체의 기성 가치를 전복한 세대인 프랑스 68세대 이후 비정상, 즉 이면의 얼굴이 없는 바타이유를 누가 읽을까?"

5부

관련서 및 연보·저작연표

바타이유의 사유는 다소 난해하다. 바타이유의 문체는 다소 혼란스럽다. 그래서 사람들은 바타이유 읽기가 너무 어렵다고 호소한다. 말할 필요도 없지만 바타이유의 책을 더 쉽게, 더 깊게 이해하기 위해서는 바타이유의 다른 책, 바타이유와 관련된 다른 인문학자의 책을 읽지 않으면 안 된다. 바타이유 소설은 바타이유 이론의 우화라고 할 수 있다. 그리고 『저주의 몫』은 모스의 『증여론』 없이 씌어질 수 없었다. 정녕 하나의 구조를 더 잘 이해하기 위해서는 그것을 더 큰 구조 속에 끼워 넣어봐야 하는 것이 아닐까?

관련서

『증여론』(마르셀 모스, 이상률 옮김, 한길사, 2002)

이 책은 모스가 1924년에 발표한 논문을 우리말로 옮긴 것이다. 인류학자로서 모스의 특징은 구조주의적 연구 방법론에 있다. 그는 '현상' 그 자체보다는 전체 사회 속에서 현상과 현상이 맺는 '관계'에 주목했다. 따라서 그의 연구에서 경제, 법률, 결혼, 신화 등은 독립적으로 존재하지 않고, 하나의 체계를 형성한다. 모스의 가장 큰 인류학적 공헌은 고대사회의 증여선물교환 체계의 규명에 있다. 이 책에서 모스는 아메리카 북서부 인디언 사회의 포틀래치와 멜라네시아의 쿨라를 중심으로 고대사회의 교환 체계를 자세히 분석했다. 모스는 냉정한 계산을 전제하는 현대사회의 매매상품 교환 체계보다 후한 인심을 전제하는 고대사회의 증여선물 교환 체계가 얼마나 지혜로운 것인지를 강조한다. 이 책 없이 『저주의 몫』이 씌어지기는 힘들었을 것이다. 특히 바타이유의 '소비'의 개념을 올바르게 이해하기 위해서는 이 책을 필독서로 삼지 않으면 안 된다.

『인간과 聖』(로제 카이유아, 권은미 옮김, 문학동네, 1996)

성(性)과 죽음의 문제를 인간의 삶의 비밀을 푸는 열쇠로 생각하여 그 탐구에 일생을 바친 이로는 프로이트와 바타이유가 대표적이다. 프로이트는 인간에 내재한 두 본능, 즉 '성 본능'과 '죽음 본능'을 자신의 탐구의 중심축으로 삼았고, 바타이유는 금기와 위반이라는 사회인류학적 개념에 기대어 자신의 탐구를 심화시켰다. 금기와 위반의 문제를 본격적으로 인식한 최초의 학자는 마르셀 모스였고, 뒤이어 로제 카이유아가 『인간과 聖』을 통해 모스의 성과를 더욱 비옥하게 했다. 신성과 과잉과 위반이 맺는 불가분의 관계를 탐구하는 이 책은 '축제'에 초점을 맞추는데, 축제는 신성과 과잉과 위반의 관계를 더없이 내밀하게 체험할 수 있는 공간이다. 금기의 문제, 축제의 이론을 공부하고자 하는 이들이 읽어볼 만한 책이다.

『폭력과 성스러움』(르네 지라르, 김진식·박무호 옮김, 민음사, 1997)

구조주의가 프랑스 지성계를 휩쓸던 1961년 지라르는 현대인의 욕망의 구조를 밝힌 기념비적 저술『낭만적 거짓과 소설적 진실 *Mensonge romantique et vérité romanesque*』을 발표했다. 이 책에 나오는 '욕망의 삼각형 구조'는 오늘날 서사학 연구자들에게 전가의 보도처럼 사용되고 있다. 1972년 발표된 『폭력과 성스러움』은 지라르의 오랜 '욕망' 연구의 결산이라고 할 수 있다. 이 책에서 지라르는 희생제의의 연구를 통해 폭력과 종교의 관계를 규명한다. 그에 의하면, 인간에게는 모방 본능이 있고, 이 모방 본능의 충족 과정에서 질투와 원한이 생기고, 질투와 원한이 폭력을 낳고, 폭력이 다시 대응 폭력을 낳는다. 그리하여 사회 전체가 폭력의 악순환에 의해 와해의 위험에 직면할 때, 그때 희생제의가 요구된다. 이를테면 희생제의는 폭력의 욕망을 제물에 대한 폭력으로 해소함으로써 폭력의 확대재생산을 막는 데 그 목적이 있다. 바타이유가 경제적 관점에서 희생제의를 설명했다면, 지라르는 종교적 관점에서 희생제의를 설명하고 있다. 『폭력과 성스러움』은 욕망, 폭력, 종교, 사회의 관계를 알고자 하는 이에게 유용한 책이다.

『소비의 사회』(장 보드리야르, 이상률 옮김, 문예출판사, 1991)

프랑스의 경우 소비 문제를 중심으로 사회를 파악하는 소비의 사회학은 모스에서 시작되어 바타이유를 거쳐 보드리야르에게 이른다고 할 수 있다. 1970년에 발표된『소비의 사회』는 일반경제를 움직이는 것이 생산이 아니라 소비라는 견해에서는 바타이유를 뒤잇고 있고, 현대 산업사회가 성장 지향의 사회가 아니라 소비 지향의 사회라는 견해, 그리고 현대 소비사회가 고대 소비사회와 달리 매우 비관적인 전망을 불러일으킨다는 견해에서는 바타이유를 뒤엎고 있다. 이 책의 요체는 현대인이 상품의 구입을 통해 '사물'이 아니라 '기호'를 소비한다는 명제와 관련된다. 현대인은 '유용한 도구'로서보다는 '차별적인 기호'로서 상품을 구입한다. 말하자면 사람들이 상품, 즉 기호를 구입하는 근원적 목적은 차별적 지위의 과시에 있다. 소비와 권력의 문제 규명이라는 점에서 이 책은 부르디외의 『구별 짓기』와 맥락을 같이한다.

『축제인류학』(류정아, 살림, 2003)

월드컵 개최 이후 한국 사회에서 축제에 대한 관심이 폭발적으로 일었지만, 정작 그에 대한 본격적인 연구서는 나오지 않았다. 축제의 종교적·사회적 기원을 학문적으로 탐구하는 『축제인류학』은 얇지만 공소하지 않다. 이 책에서 저자는 의례와 놀이로서의 축제의 기원을 짚고 있고, 고대와 현대, 동양과 서양의 축제의 다양한 양상을 개관하고 있다. 신성과 세속, 금기와 위반, 종교와 놀이 등 인류학의 단골 주제를 한눈에 훑어보기에 적합한 책이다.

『에로스의 눈물』(조르주 바타이유, 유기환 옮김, 문학과의식, 2002)

바타이유는 일반적으로 대단히 난해한 작가로 알려져 있다. 주저(主著)『에로티즘』역시 다소 난해하고 혼란스럽다. 바타이유가 죽기 일 년 전에 출판한『에로스의 눈물』은『에로티즘』의 난해성을 보완하고 있다. 기실 바타이유는『에로스의 눈물』을 자신이 쓴 책 가운데 가장 쉬운 책으로 만들고 싶다고 말한 바 있다. 그가 가독성의 제고를 위해 택한 방식은 수많은 도판의 삽입이다. 이를테면 이 책은 에로티즘의 '도해 성경'이다. 이 책의 또 하나의 미덕은 에로티즘의 기원과 역사를 깊이 천착하고 있다는 사실이다. 선사시대의 라스코 동굴벽화에서 출발한 바타이유의 에로티즘 연구는 고대, 중세를 거쳐 20세기 초현실주의 그림까지 아우르고 있다. 짧게 말해 좀 더 쉬운 에로티즘론, 좀 더 결론적인 에로티즘론을 읽고 싶은 이에게 권할 만하다.

『문학과 악』(조르주 바타이유, 최윤정 옮김, 민음사, 1995)

바타이유의 문학관이 가장 잘 드러나 있는 것이 이 책이다. 60세 되던 해인 1957년에 발표했으므로 이 책에 드러난 그의 문학관은 상당히 뿌리 깊은 것이라고 봐야 할 것 같다. 바타이유는 문학의 본질이 '악'의 표현에 있다고 과감하게 주장한다. 문학이 악을 매개로 이루어지는 의사소통인 이상, 문학은 결백한 것이 아니라 오히려 비난받아 마땅한 것이다. 물론 문학은 자신의 유죄를 옹호하려 애쓰지만, 사회는 언제나 문학을 부도덕한 것으로 단죄한다. 이 책에서 바타이유는 에밀리 브론테, 보들레르, 블레이크, 프루스트, 카프카, 사드, 주네 등 '악' 혹은 '악의 꽃'의 표현에 몰두한 작가들, 말하자면 문학사의 아웃사이더 작가들의 예술적 특징을 탐구하고 있다.

『눈 이야기』(조르주 바타이유, 이재형 옮김, 푸른숲, 1999)

미셸 푸코가 바타이유를 20세기 최고 작가의 반열에 올려놓았음에도 불구하고, 오늘날 우리에게 중요해 보이는 바타이유의 얼굴은 아무래도 소설가 바타이유가 아니라 인류학자 바타이유인 것으로 여겨진다. 다시 말해 바타이유를 프랑스 지식인 사회의 이단아인 동시에 풍운아로 만든 것은 『눈 이야기』와 『하늘의 푸른빛』이 아니라 『저주의 몫』과 『에로티즘』이라고 해야 옳을 것이다. 하지만 그의 학문적 저술을 더 쉽게, 더 깊게 이해하기 위해서는 그의 소설을 읽지 않으면 안 된다. 그의 소설은 곧 그의 이론의 우화이니까 말이다. 우리나라에서 『눈 이야기』라고 번역 출판된 책은 『눈 이야기』와 함께 『하늘의 푸른빛』을 싣고 있다. 이 두 소설에는 상상을 초월하는 변태적 성행위, 엽기적 폭력, 원초적 광기가 넘쳐흐른다. 요컨대 주인공들은 바타이유가 겨냥했던 '불가능의 내적 체험'을 구현하고 있다. 이외에 비슷한 주제와 체험을 보여주는 소설로서 우리나라에 번역되어 있는 것은 『마담 에드와르다』(월간 『현대문학』 1982년 1월호)와 『시체』(계간 『문학과의식』 2002년 겨울호)이다. 분량이 많지 않으므로 조금만 공을 들이면 완독할 수 있을 것이다.

바타이유 연보[1]

1897년

9월 10일 프랑스 남부 오베르뉴(Aubergne) 지방 퓌드돔
(Puy-de-Dôme)의 한 마을 비용(Billom)에서 태어난다. 아버
지는 매독 환자이며 장님이다. 소설 『눈 이야기 *Histoire de
l'oeil*』는 장님 아버지에 대한 어린 바타이유의 강박관념과
무관하지 않을 것이다.

1901년

가족이 프랑스 북부의 주요 도시 렝스(Reims)로 이주한다.

1914년

가톨릭 신자가 된다. 일차세계대전이 발발한다. 독일의 공
습을 피해 불구의 아버지를 홀로 남겨둔 채 렝스를 떠나

오베르뉴 지방의 고향 마을 근처로 간다.

1915년

독실한 신자로서 사제가 될 것을 꿈꾼다. 우울증 환자인 어머니는 정신착란을 일으켜 자살을 기도하고, 홀로 버려진 아버지는 가난과 고독 속에서 죽는다. 이 일련의 사건이 바타이유에게 깊은 죄의식을 남기는데, 후일 그는 이때의 심경이 엿보이는 『죄인 *Le Coupable*』을 쓸 것이다.

1916년

전쟁에 동원되었으나 폐결핵으로 제대한다.

1917년

사제가 되기 위해 캉탈(Cantal)의 생플루르(Saint-Flour) 신학교에 입학하여 이듬해까지 신학을 공부한다.

1918년

파리 국립 고문서학교(Ecole de Chartes)에 입학한다. 습작 『랭스의 노트르담 *Notre-Dame de Rheims*』을 쓴다.

1920년

아내가 될 실비아 마클레(Sylvia Maklès)를 만난다.

1922년

신비 신앙에 심취하여 와이트(Wight) 섬에 있는 베네딕트 수도원에 체류한다. 그러나 이 베네딕트 수도원 체류 이후 점차 신앙에 등을 돌린다. 국립 고문서학교를 차석으로 졸업하며, 졸업을 기념하여 마드리드로 여행을 떠난다. 우연히 들어간 마드리드 투우장에서 투우사 그라네로 (Manuel Granero)의 끔찍한 죽음을 목격한다. (『눈 이야기』의 「그라네로의 눈」을 보라.) 경이롭게도 이 비극을 통해 폭력과 공포가 더없는 쾌감의 열쇠일 수 있음을 온몸으로 경험한다.

1923년

니체의 세계에 심취한다. 니체 독서와 함께 종교적 환상이 완전히 산산조각 난다. 이후 니체의 사상적 제자가 되지는 않지만, 『니체론 *Sur Nietzsche*』을 쓰는 등 니체에게 끝없이 매료된다.

1924년

파리 국립 도서관 사서로서 메달 보관실에 배속된다. 예술·고고학 관련 잡지 『아레튀즈 *Aréthuse*』에 자신의 전공과 관련한 몇 개의 글을 기고한다. 초현실주의자들과 교제하면서 다소 문란한 생활을 영위하기 시작한다. 지적 동반자가 될 초현실주의 진영의 작가 미셸 레리스(Michel Leiris)와 화가 앙드레 마송(André Masson)을 만난다. 앙드레 브르통(André Breton)의 「1차 초현실주의 선언 Premier Manifeste du surréalisme」을 매우 비판적인 시선으로 읽는다.

1925년

알프레드 메트로(Alfred Métraux)의 강의를 듣고 마르셸 모스(Marcel Mauss)의 세계에 입문한다.

1926~1927년

초현실주의자들이 높이 평가한 보렐 박사(Dr Borel)에게 정신분석을 받는다. 일 년 동안 진행된 정신분석의 효과 덕분에 글을 쓸 수 있는 힘을 얻는다. 초현실주의 진영의 주요 구성원들과 여전히 가깝게 지내지만, 진영의 일원이 되지는 않는다. 사드를 발견한다.

1928년

실비아 마클레와 결혼한다. 로드 오슈(Lord Auch)라는 필명으로 최초의 책 『눈 이야기』를 출간한다.

1929~1930년

조르주-앙리 리비에르(Georges-Henri Rivière)와 함께 창간한 잡지 『도큐먼트 *Documents*』의 편집장으로 일하면서 여러 글을 기고한다. 초현실주의자들과 첨예하게 대립한다. 『도큐먼트』지를 통해 초현실주의 진영의 수장 브르통을 '그리스도의 얼굴을 한 가짜 혁명가'라고 비난한다. 브르통에 대항하여 「시체 Un Cadavre」라는 집단 팸플릿을 발표함으로써 브르통과 완전한 적대 관계에 돌입한다.

1931년

『태양의 항문 *L'Anus solaire*』을 출간한다. 『도큐먼트』
지를 떠난다. 보리스 수바린(Boris Souvarine)이 편집장으
로 있는 공산주의 진영의 잡지 『사회비평 *La Critique
sociale*』에 글을 기고한다.

1932년

파리의 청년 지식인들을 사로잡았던 알렉상드르 코제브
(Alexandre Kojève)의 헤겔 강의를 듣는다. 작가 레몽 크노
(Raymond Queneau)와 함께 『사회비평』지에 「헤겔 변증법의
기초 비판 Critique des fondements de la dialectique
hégélienne」을 기고한다. 후일 그는 『내적 체험 *L'Expérience
intérieure*』의 한 문단을 헤겔 연구에 할애할 것이다.

1933년

모스의 『증여론 *Essai sur le don*』의 영향을 받아 쓴 「소비
의 개념 La notion de dépense」을 『사회비평』지에 기고한
다. 여기서 비생산적 소비, 희생제의, 포틀래치 등 바타이
유 세계의 주요 테마들이 소개되는데, 후일 이 테마들은
『저주의 몫 *La Part maudite*』에서 본격적으로 탐구될
것이다. 파시즘에 대한 투쟁의 일환으로 『사회비평』지
에 「파시즘의 심리 구조 La structure psychologique du
facisme」를 발표한다. 당분간 정부(情婦)가 될 초현실주의

예술가 도라 마아르(Dora Maar)를 만난다.

1934년

아내 실비아 마클레와 헤어진다. 보리스 수바린의 여자친구 콜레트 페뇨(Colette Peignot)를 만나 사랑에 빠진다. 후일 그녀가 쓴 『글 *Ecrits*』을 로르(Laure)란 필명으로 출판하도록 주선할 것이다. 건강상의 이유로 잠시 활동을 중단하는 동안 선, 요가 등을 통해 신비체험을 한다. (『내적 체험』과 『명상의 방법 *Méthode de méditation*』이 이때의 체험을 반영하고 있다.) 루이 트랑트(Louis Trente)라는 필명으로 『아이 *Le Petit*』를 출간한다.

1935년

브르통, 폴 엘뤼아르(Paul Eluard), 모리스 엔(Maurice Heine), 피에르 클로소프스키(Pierre Klossowski), 벵자맹 페레(Benjamin Péret), 이브 탕기(Yves Tanguy) 등과 함께 반파시즘 혁명 투쟁 조직인 '반격(Contre-Attaque)'을 창설한다. '반격'의 창설을 위해 브르통과 일시적으로 화해한다. '반격'은 이내 격심한 내부 분열에 시달린다. 로르와 동거한다. 『하늘의 푸른빛 *Le Bleu du ciel*』을 집필하지만, 출간은 나중으로 미룬다.

1936년

『미로 *Le Labyrinthe*』를 출간한다. 『무두인(無頭人)

Acéphale』지를 창간하고, '반격' 조직을 해체한다. 피에르 클로소프스키와 함께 비밀 모임을 만드는데, 이 비밀 모임은 사회의 메커니즘을 해체하는 것을 목적으로 하며, 희생제의의 실천을 꿈꾼다. 그런데 일설에 의하면 희생제의에서 아무도 희생 제물의 역할을 맡으려 하지 않았기 때문에, 그들은 대신 양의 목을 자른다. 앙드레 마송의 에칭(동판부식화) 다섯 장을 실은 텍스트 『희생제의 *Sacrifices*』를 출간한다.

1937년

로제 카이유아, 미셸 레리스와 함께 사회에 존재하는 신성의 탐구를 목적으로 하는 '신성 사회학회(Le Collège de sociologie sacrée)'를 창설한다. (이런 관심사는 『에로티즘 *L'Erotisme*』에 반영되어 있다.) 피에르 앙젤리크(Pierre Angélique)라는 필명으로 『마담 에드와르다 *Madame Edwarda*』를 출간한다.

1938년

로르의 죽음으로 깊은 절망과 고독에 빠진다. 대부분의 시간을 국립 도서관에서 보내면서 많은 책을 읽는다. 폐결핵의 재발로 파리를 떠나 노르망디(Normandie), 이어서 베즐레(Vézelay)에서 요양한다. 이후 베즐레에서 1949년까지 머물 것이다.

1940년

전쟁에 휩싸인 프랑스를 여행한다. 『죄인』을 쓴다.

1941년

모리스 블랑쇼(Maurice Blanchot)를 만나 우정의 관계를 맺는다.

1942년

폐결핵이 악화되어 국립 도서관 사서직을 떠난다.

1943년

최초로 조르주 바타이유라는 실명으로 『내적 체험』을 출
간한다. 「새로운 신비주의 Un nouveau mystique」라는 글
을 통해 사르트르가 『내적 체험』을 신랄하게 비판한다.
(『니체론』을 통해 사르트르의 비판에 답할 것이다.) 베즐레에
서 디안 보아르네(Diane Kotchoubey Beauharnais)를 만나는
데, 둘은 곧 연인이 된다.

1944년

『죄인』『대천사 L'Archangélique』를 출간한다.

1945년

『니체론』을 출간한다.

1946년

문학평론지 『비평 Critique』을 창간한다. 보아르네와 재혼한다.

1947년

『할렐루야 L'Alleluiah』『명상의 방법』『쥐 이야기 Histoire

de rats』『시의 증오 *Haine de la poésie*』를 출간한다. 미뉘(Minuit) 출판사에서 「부의 소비 L' Usage des richesses」라는 컬렉션의 편집을 담당하는데,『저주의 몫』이 이 컬렉션에 들어갈 것이다.

1948년

『종교의 이론 *Théorie de la religion*』을 출간한다. 많은 글을 잡지에 기고한다.

1949년

『에포닌 *Eponine*』, 그리고 자신이 쓴 책 가운데 가장 중요한 책이라고 평가한 『저주의 몫』을 출간한다. 카르팡트라(Carpentras)의 도서관에 근무하게 되어 아내와 함께 베즐레를 떠난다.

1950년

『C신부 *L'Abbé C*』를 출간한다. 포베르(Pauvert) 출판사가 간행한 사드의 『쥐스틴 혹은 미덕의 불행 *Justine ou les malheurs de la vertu*』의 서문을 쓴다. 시인 르네 샤르(René Char)와 화가 파블로 피카소(Pablo Picasso)를 자주 만나며, 그들과 함께 투우를 보러 다닌다.

1951년

오를레앙 시립 도서관 관장으로 근무한다. 아내와 딸과 함께 거기서 산다.

1952년

레지옹 도뇌르(Légion d' honneur) 훈장을 받는다.

1955년

두 권의 예술 관련 서적 『선사시대의 미술 : 라스코 혹은 예술의 탄생 *La Peinture préhistorique : Lascaux ou la Naissance de l'art*』과 『마네 *Manet*』를 출간한다. 경구 동맥경화증이라는 병으로 고통 받는다.

1957년

『문학과 악 *La Littérature et le mal*』, 앙드레 마송에게 헌정하는 『하늘의 푸른빛』, 미셸 레리스에게 헌정하는 『에로티즘』을 출간한다.

1959년

작업하기가 힘들 정도로 병세가 악화된다. 『질 드 레 재판 *Le Procès de Gilles de Rais*』을 출간한다.

1961년

마지막 저술 『에로스의 눈물 *Les Larmes d'Eros*』을 출간한다.

1962년

『시의 증오』를 『불가능 *L'Impossible*』이란 제목으로 다시 출간한다. 7월 8일 아침, 파리에서 사망한다. 눈을 감으면서 남긴 마지막 한 마디는 이것이다. "다 그런 거지 뭐! C'est comme ça!" 베즐레에 묻힌다.

1966~1967년

『나의 어머니 *Ma mère*』『시체 *Le Mort*』가 사후 간행된다.

1970년

갈리마르(Gallimard) 출판사에서 미셸 푸코의 서문이 실린
『전집 *Oeuvres complètes*』 1권이 출간된다.

1988년

마지막 12권의 간행으로 『전집』이 완성된다.

바타이유 저작연표

Histoire de l'oeil, Paris, 1928.

L'Anus solaire, Ed. de la Galerie Simon, 1931.

Le Petit, Paris, 1934.

Madame Edwarda, Ed. du Solitaire, 1937.

L'Expérience intérieure, Gallimard, 1943.

Le Coupable, Gallimard, 1944.

L'Archangélique, Ed. Messages, 1944.

Sur Nietzsche, Gallimard, 1945.

L'Orestie, Ed. des Quatre-Vents, 1945.

Dirty, Ed. Fontaine, 1945.

L'Alleluiah, A. Blaizot, 1947.

Méthode de méditation, Ed. Fontaine, 1947.

Histoire de rats, Ed. de Minuit, 1947.

La Haine de la poésie, Ed. de Minuit, 1947.

Théorie de la religion, Gallimard, 1948.

La Part maudite, Ed. de Minuit, 1949.

Eponine, Ed. de Minuit, 1949.

L'Abbé C, Ed. de Minuit, 1950.

La Peinture préhistorique : Lascaux ou la naissance de l'art, Skira, 1955.

Manet, Skira, 1955.

La Littérature et le mal, Gallimard, 1957.

L'Erotisme, Ed. de Minuit, 1957.

Le Bleu du ciel, J.-J. Pauvert, 1957.

Les Larmes d'Eros, J.-J. Pauvert, 1961.

L'Impossible (*La Haine de la poésie, Dianus, L'Orestie*의 합본), Ed. de Minuit, 1962.

Ma mère, J.-J. Pauvert, 1966.

Le Mort, J.-J. Pauvert, 1967.

1970년부터 1988년까지 간행된 갈리마르 출판사의 바타이유 『전집 Oeuvres complètes』 열두 권의 내용은 다음과 같다.

Tome 1 *Premiers Ecrits, 1922~1940* : Histoire de l'oeil, L'Anus solaire, Sacrifices, Articles. (미셸 푸코의 서문)

Tome 2 *Ecrits posthumes, 1922~1940*.

Tome 3 *Oeuvres littéraires* : Madame Edwarda, Le Petit, L'Archangélique, L'Impossible, La Scissiparité, L'Abbé C, L'Etre indifférencié n'est rien, Le Bleu du ciel.

Tome 4 *Oeuvres littéraires posthumes* : Poèmes, Le Mort, Julie, La Maison brûlée, La Tombe de Louis XXX, Divinus Deus, Ebauches.

Tome 5 *Somme athéologique I* : L'Expérience intérieure, Méthode de méditation, Post-scriptum 1953, Le Coupable, L'Alleluiah.

Tome 6 *Somme athéologique II* : Sur Nietzsche, Memorandum, Annexes.

Tome 7 L'Economie, A la mesure de l'univers, La Part maudite, La Limite de l'utile, Théorie de la religion, Conférences 1947~1948, Annexes.

Tome 8 Histoire de l'érotisme, Le Surréalisme au jour le jour, Conférences 1951~1953, La Souveraineté, Annexes.

Tome 9 Lascaux ou la naissance de l'art, Manet, La
Littérature et le mal, Annexes.

Tome 10 L' Erotisme, Le Procès de Gilles de Rais, Les
Larmes d' Eros.

Tome 11 *Articles I, 1944~1949.*

Tome 12 *Articles II, 1950~1961.*

그리고 1997년 바타이유의 서한집이 간행되었다.

Georges Bataille. Choix de lettres 1917~1962, Gallimard,
1997.

들어가는 글

1) Georges Bataille, 『문학과 악 *La Littérature et le mal*』, 최윤정 옮김, 1995, 12쪽.

1부

1) Philippe Sollers, 「Solitude de Bataille」 in *Les Temps modernes*, décembre 1998 - février 1999, N° 602, p.246.

2) 크리스테바(Julia Kristeva) 등 '상호텍스트성(intertextualité)'을 강조하는 사람들에 따르면 하나의 텍스트는 그에 선행하는 모든 텍스트의 총합이다. 솔레르스(Philippe Sollers)는 그것을 이런 말로 표현한다. "모름지기 텍스트란 여러 다른 텍스트들의 접점에 위치하며, 그것들의 재독서·강조·압축·심화이다." (Marc Angenot, *Glossaire*, Québec, Ed. Jurtubise HMH, p.111에서 재인용.) '상호텍스트(intertexte)'는 하나의 텍스트 생산에 직간접으로 영향을 미치는 모든 다른 텍스트를 가리킨다.

3) André Breton, *Manifeste du surréalisme*, Gallimard, 2000, pp.131~136.

4) Emmanuel Tibloux, *Le Dossier Georges Bataille*, Ministère des Affaires Etrangères de France, 1996, 「Le Temps des polémiques et des combats」, Fiche 1. 단순하게 말해 프로이트의 '무의식'의 세계와 같은 초현실주의자들의 '초현실'의 세계는 관념의 세계였다. 바타이유 역시 '내적 체험'을 통해 관념의 세계를 탐구했지만, 그러나 내적 체험으로 가는 입구는 대개 '육체'였다. 그리고 바타이유가 보기에 초현실주의자가 추구하는 혁명은 진정한 사회혁명이 아니라 관념의 유희에 불과했다.

5) Alain Arnaud & Gisèle Excoffon-Lafarge, *Bataille*, Seuil, 1978, p.21.

6) *Ibid.*, p.21.

7) Georges Delteil, 「Bataille à Riom-ès-Montagne」 in *Critique*, N° 195-196, août-septembre. 1963, p.675. 조르주 델테이유(Georges Delteil)는 바타이유의 어린 시절 친구이다.

8) Alain Arnaud & Gisèle Excoffon-Lafarge, *Bataille*, p.8.

9) 그리고 바타이유는 새로운 잡지 『무두인(無頭人) *Acéphale*』을 통해 파시즘의 철학적 계략을 폭로했다. 그에 의하면 파시스트들은 니체의 권력의지와 초인의 개념을 정치적 권력의 강화에 악용했다.

10) Georges Bataille, *Sur Nietzsche* in *Oeuvres complètes*, Tome 6, Gallimard, 1973, p.160.

11) 존재의 '불연속성'과 '연속성'에 대해서는 본문 166~167쪽을 볼 것.

12) Georges Bataille, *Madame Edwarda* in *Oeuvres complètes*, Tome 3, Gallimard, 1971, p.9.

13) C'est comme ça!

14) 바타이유는 과잉의 탐구를 이종학(異種學, hétérologie)이라고 불렀다. 이종학은 한 사회가 수용할 수 있는 윤리적·상식적 범주를 벗어나는 과잉에 대한 역설적 철학으로 정의된다.

15) 어휘론의 차원에서 더 구체적으로 말하자면, 바타이유는 에로틱한 어휘들과 고전적 어휘들을 교차시킨다. 에로틱한 어휘들은 독자를 유혹하며, 고전적 어휘들은 독자를 설득한다. 바타이유 문학이 '에로문학'의 범주에 들지 않으면서도 시대의 스캔들이 되는 이유가 바로 여기에 있다.

16) Emmanuel Tibloux, *Le Dossier Georges Bataille*, 「Postérité : le legs de Bataille」, Fiche 1.

2부

1) 『저주의 몫』(Georges Bataille, 조한경 옮김, 문학동네, 2000) 인용의 경우 인용문의 끝에 '(P면수)'로 표기하였다.

2) 그리하여 지구에는 종과 종 사이의 투쟁, 종 내부의 투쟁이 끊이지 않게 된다. 그러나 이런 투쟁을 통한 성장은 일반경제의 차원에서 보면 진정한 성장이 아니다. 왜냐하면 한 개체의 성장은 다른 개체의 소멸을 전제로 하기 때문이다. 달리 말해 한 개체의 성장은 다른 개체의 소멸의 보충일 뿐이며, 자연의 총량에는 아무런 변화가 없다.

3) 바타이유는 쾌락을 추구하는 개인과 생산을 요구하는 사회의 모순을 에너지의 상실을 욕망하는 아들과 에너지의 축적을 요구하는 아버지의 모순에 비긴다. 아버지는 아들에게 온갖 금기를 가르치지만, 아들은 아버지의 시선이 없는 곳에서 고백하기 힘든 위반과 소비의 관능을 즐기기 일쑤이다.

4) 『증여론』은 원래 하나의 논문이다. 그런데 이 책에서 『증여론』은 단행본으로 표기되어 있다. 왜냐하면 우리말 번역본이 단행본으로 출판되었기 때문이다.

5) 그 결과 문명인들이 이른바 '원시사회'라고 부르는 고대사회는 단순한 조직체가 아니라 서구 사회와는 또 다른 특징을 갖는 복합적 조직체라는 것이 밝혀졌다. 이것은 레비브륄(Lucien Lévy-Bruhl)이 행한 '원시적 정신'과 '근대적 정신'의 구분을 정면으로 부정하는 것이었다. 이런 면에서 구조주의 인류학의 최고봉 레비스트로스는 『증여론』을 일컬어 "과학적 발전의 결정

적 사건"이라고 했다. (Claude Lévi-Strauss, 「Introduction à l'oeuvre de M. Mauss」 in *Sociologie et Anthropologie* de Marcel Mauss, PUF, 1950, IX-LII.)

6) 무릇 주최자의 세력 확대를 목표로 하지 않는 축제가 어디에 있을까?

7) 포틀래치 경쟁을 통한 권력투쟁은 매우 지혜로운데, 왜냐하면 그것이 곧 부의 재분배라는 사회적 정의를 실현하기 때문이다.

8) 디자인에 관한 권리.

9) Marcel Mauss, 『증여론 *Essai sur le don*』, 이상률 옮김, 한길사, 2002, 260쪽.

10) 전술한 대로 포틀래치는 '음식을 제공하다' '소비하다'라는 뜻을 지니고 있다. 그것이 행해지는 계기는 출생, 혼인, 사망, 성년식, 후계자 계승, 새 집 짓기, 공적 기념 등이며, 이를 통해 집단 내부의 위계 서열을 재확립했다. 주인은 손님들에게 위계 서열에 따라 음식과 예물을 나누어주었는데, 선물이 후할수록 당연히 주인의 위세가 높아졌다. 손님들이 자신의 위세를 지키기 위해서는 후일 그 이상의 포틀래치를 거행하지 않으면 안 되었다. 이 원리는 현대사회의 일상적 초대, 선물, 결혼 잔치 등에서도 마찬가지로 작용한다고 볼 수 있을 것이다.

11) 신에게 동물이나 인간을 제물로 바치는 의례를 말한다.

12) Marcel Mauss, 『증여론』, 86쪽.

13) 이런 의미에서 바타이유는 문명을 경제로써 설명하고 있는 마르크스와 크게 다르지 않다. 하지만 전자의 설명 도구가 소비의 경제이고, 후자의 설명 도구가 생신의 경제라는 점이 본질적으로 다르다.

14) 바타이유가 티베트 사회의 메커니즘을 파악한 것은 영국 관리 찰스 벨 (Charles Bell)이 쓴 13대 달라이 라마(1876~1934)의 생애에 관한 책 『달라

이 라마의 초상 *Portrait of the Dalaï-Lama*』의 독서 덕분이다.

15) 잉여의 절대 부분을 사원에 쏟는 나라가 강력한 군대를 가질 수 없는 것
은 지극히 당연한 일이다. 게다가 폭력과 전쟁은 불교의 교리에도 어긋나
는 것이었다.

16) 과연 그랬다. 이차세계대전 이후 주체할 수 없는 잉여를 생산한 미국은
도처에서 전쟁을 일으키거나 전쟁을 일으키도록 도왔다.

17) 인간의 욕망이 특정 사물에 대한 욕망이 아니라 차이에 대한 욕망인 한,
욕망의 완전한 충족이란 있을 수 없다.

18) 심지어 부자들은 가끔 근검절약조차 과시적으로 행함으로써 차이화의 근
거로 활용한다.

3부

1) 'érotisme'은 원래 '에로티슴'이라고 발음 표기하는 것이 옳지만, 그 점을
불문학자인 조한경 교수가 몰랐을 리 없다. 에로티즘은 아마도 독자에게
친숙한 에로티시즘과 독자에게 생경한 에로티슴 사이의 타협의 산물이었
을 것으로 짐작된다.

2) Georges Bataille, 『에로스의 눈물 *Les Larmes d'Eros*』, 유기환 옮김, 문학
과의식, 2002, 31쪽.

3) 위의 책, 47~48쪽.

4) 눈에 보이는 사물을 있는 그대로 묘사한 구석기시대의 그림은 매우 사실주
의적이다. 반면 신석기시대의 그림은 매우 관념적이고 추상적인데, 왜냐하
면 신석기시대 사람들이 바야흐로 사물을 기하학적으로 이해하기 시작했

기 때문이다.

5) 이 남자가 새의 얼굴을 하고 있는 것은 그리 놀라운 일이 아니다. 일반적으로 동굴벽화는 인간의 얼굴을 보여주지 않으며, 예외적으로 보여줄 때에는 그의 얼굴에 동물의 탈을 씌웠다. 바타이유는 후기 구석기시대 사람들이 동물로서의 자신의 얼굴에 수치를 느꼈음이 틀림없다고 생각한다. 그러나 이렇게 생각해볼 수도 있지 않을까? 그들은 아마도 얼굴과 영혼을 일치시켰을지도 모른다. 근대인들이 사진에 찍히면 영혼이 없어진다고 여겨 사진 찍기를 꺼려했던 심리 기제를 떠올리면 이해하기가 쉬울 것이다.

6) Georges Bataille, 『에로스의 눈물』, 29쪽.

7) 라스코 동굴벽화를 그린 호모 사피엔스는 육체적 차원에서 우리보다 열등한 것이 전혀 없으며, 여러 면에서 우리의 것과 유사한 정신 능력을 발휘한 것으로 보인다. 만일 후기 구석기시대의 어린이가 우리 시대의 학교에서 교육받고 자란다면, 그 어린이는 아마도 우리와 똑같은 지적 수준에 접근할 수 있으리라는 것이 바타이유의 생각이다. 위의 책, 42쪽.)

8) 위의 책, 16쪽 사진을 볼 것.

9) 위의 책, 29쪽.

10) Roger Caillois, 『인간과 聖 L' Homme et le sacré』, 권은미 옮김, 문학동네, 1996, 29쪽.

11) 『에로티즘』(Georges Bataille, 조한경 옮김, 민음사, 1996) 인용의 경우 인용문의 끝에 '(E면수)'로 표기하였다.

12) 고대 그리스·로마 시대는 대략 기원전 8세기에 시작되어 기원후 5세기에 끝났다고 할 수 있다.

13) Georges Bataille, 『에로스의 눈물』, 70쪽. 바타이유가 말하는 종교는 일반적 개념으로서의 종교이지 기독교를 가리키는 것이 아님을 상기하자.

14) Georges Bataille, 『어떻게 인간적 상황을 벗어날 것인가 *Théorie de la religion*』, 조한경 옮김, 문예출판사, 1999, 67쪽.

15) 예를 들면 트라스(Thrace) 지방의 동전에 그려진 이미지들, 수세기에 걸쳐 도자기에 그려진 이미지들, 그리고 폼페이(Pompéi)에 있는 '빌라 데 미스테르(Villa des Mystères)' 살롱에 소장된 아름다운 그림들이 그 점을 잘 보여준다. (Georges Bataille, 『에로스의 눈물』, 72쪽.)

16) Georges Bataille, 『에로스의 눈물』, 81~82쪽.

17) Georges Bataille, 『에로티즘의 역사 *L'Histoire de l'érotisme*』, 조한경 옮김, 민음사, 1998, 181쪽.

18) Georges Bataille, 『에로스의 눈물』, 88쪽.

19) 외설이란 동물성의 다른 이름일 것이다. 누드가 항상 외설인 것은 아니지만, 폭력의 욕망을 자극하는 에로틱한 누드는 외설의 성격을 띤다.

20) 고야의 그림에 관해서는 『에로스의 눈물』, 152~160쪽을 볼 것.

21) Briony Fer, 「Poussière/Peinture. Bataille on painting」 in *Bataille. Writing the sacred*, London/Newyork, Routledge, 1995, p.158.

22) Michel Foucault, 「Préface à la transgression」 in *Dits et écrits I (1954~1964)*, Gallimard, 1994, p.234.

23) 『에로스의 눈물』에서 들라크루아 그림의 경우 170쪽, 마네 그림의 경우 173쪽, 드가 그림의 경우 176쪽, 귀스타브 모로 그림의 경우 180쪽, 초현실주의 그림의 경우 192~228쪽을 볼 것.

24) Briony Fer, 「Poussière/Peinture. Bataille on painting」in *Bataille. Writing the sacred*, p.158.

25) Julia Kristeva, 「L' Expérience de Georges Bataille」in *Bataille-Leiris*, Belin, 1999, pp.80~82.

26) Philippe Ariès, *Essais sur l'histoire de la mort en Occident*, Seuil, 1975, pp.65~66.

27) 고야의 판화 제목으로서 인간에 내재한 문명과 야만의 이중성을 가리키고 있다.

28) 죽음이 생명을 완전히 전복시키는 폭력이라면, 성은 생명을 한순간 전복시키는 폭력이다.

29) Sigmund Freud, 『쾌락 원칙을 넘어서』, 박찬부 옮김, 열린책들, 1997, 75~77쪽.

30) 바타이유는 1961년 『에로스의 눈물』의 발표와 함께 이 그림을 성과 죽음과 종교의 일치로 해석함으로써 '속죄 의식'이라는 의견을 발전적으로 수정하게 된다.

31) Georges Bataille, 『에로스의 눈물』, 56쪽.

32) 인간에게 금기만큼 욕망을 자극하는 것은 없다. 가령 변태적 성행위를 추구하는 사람들의 경우 그 변태적 성행위가 정상적 성행위에 비해 육체적으로 더 큰 쾌락을 불러일으킬 것으로 보이지는 않는다. 그보다는 전자가 후자보다 심리적으로 더 간절한 관능을 불러일으킬 듯한데, 왜냐하면 그것이 금기이기 때문이다.

33) Georges Bataille, 『에로스의 눈물』, 14쪽.

34) 여자의 몸치장은 공격을 피하기 위한 것이 아니라 오히려 공격을 유발하기 위한 것이다. 매춘부는 매춘의 대가로 선물을 받으며, 그 선물을 몸치장에 써서 더 큰 선물을 받을 힘을 기른다.

35) 인도 오리사(Orissa)의 코나락(Konarak) 사원의 벽에 새겨진 부조(浮彫), 성행위 장면이 충격적일 정도로 세밀하게 묘사되어 있는 에로틱한 부조는 우리 마음 깊은 곳에 숨겨진 외설을 신성화한 전형적인 사례일 것이다. (E277 사진을 볼 것.)

36) 성의 자유를 역설하는 현대사회에서도 매춘은 사회적 금기의 대상, 심지어 법률적 단죄의 대상이 되어 있다.

37) 기독교의 전성기에도 소위 악마주의가 건재했다는 사실은 기독교 사회에서 위반의 관능이 얼마나 극진했는가를 입증한다. 고요한 밤 은밀히 악마를 경배하는 사바의 향연(sabbat)은 종교적 축제 특유의 위반과 전복의 충동을 충족시키는 자리였다. 금기가 강하면 강할수록, 공포가 크면 클수록 거기서 나오는 쾌락도 컸다.

4부

1) 예를 들면 냉전체제에서 미국이 소련과의 우주개발 경쟁에 막대한 자본을 투자한 것은 매우 지혜로운 소비 행위였다. 만일 그렇게 하지 않았다면, 미국의 과잉 에너지는 결국 전쟁을 통해 소모되었으리라. 그렇다면 넘치는 잉여를 화성 탐사를 위해 쓰는 것보다 굶주림으로 죽어가는 아프리카의 아이들에게 쓰는 것이 더 지혜롭지 않을까? 모스의 말대로, 증여교환 체계의 정신적 메커니즘을 계승하고 관리하는 것, 그것이야말로 그 말의 가장 좋은 의미에서의 '정치'임을 기억해야 할 것이다. (Marcel Mauss, 『증여론』,

283쪽.)

2) Michel Foucault, 「Préface à la transgression」 in *Dits et écrits I (1954~1964)*, p.237.

3) Michel Foucault, 「Présentation」 in *Oeuvres complètes* de Georges Bataille, Tome 1, Gallimard, 1970, p.5.

4) 데리다에 의하면 특히 『산포(散布) *La Dissémination*』(1969), 『플라톤의 약국 *La Pharmacie de Platon*』(1969), 『백색 신화 *La Mythologie blanche*』(1971) 등이 바타이유의 영향하에 씌어졌다.

5) 『에로티즘』 303쪽에 있는 베르니니의 조상(彫像) 「성녀 테레사의 황홀경」 을 볼 것.

5부

1) 이 연보는 알랭 아르노와 지젤 엑스코퐁-라파르주가 공동 집필한 『바타이유 *Bataille*』에 나오는 「연보 Chronologie」의 연대 구분을 바탕으로 하고 있다.

조르주 바타이유 저주의 몫·에로티즘

펴낸날	초판 1쇄 2006년 1월 20일
	초판 7쇄 2023년 12월 18일

지은이	유기환
펴낸이	심만수
펴낸곳	(주)살림출판사
출판등록	1989년 11월 1일 제9-210호

주소	경기도 파주시 광인사길 30
전화	031-955-1350 팩스 031-624-1356
홈페이지	http://www.sallimbooks.com
이메일	book@sallimbooks.com

ISBN	978-89-522-0476-9 04080
	978-89-522-0314-4 04080 (세트)

※ 값은 뒤표지에 있습니다.
※ 잘못 만들어진 책은 구입하신 서점에서 바꾸어 드립니다.